U0930861

教育部提升中西部大学综合实力工程资助项目
河北省教育厅人文社科研究重大课题攻关项目（课题号：ZD201438）

欧盟劳动力市场灵活保障模式研究

于艳芳 著

人民出版社

责任编辑:姜　玮

图书在版编目(CIP)数据

欧盟劳动力市场灵活保障模式研究/于艳芳 著. -北京:人民出版社,2014.12
ISBN 978-7-01-014461-0

Ⅰ.①欧…　Ⅱ.①于…　Ⅲ.①欧洲国家联盟-劳动力市场-保障体系-研究
Ⅳ.①F249.5

中国版本图书馆 CIP 数据核字(2015)第 019168 号

欧盟劳动力市场灵活保障模式研究

OUMENG LAODONGLI SHICHANG LINGHUO BAOZHANG MOSHI YANJIU

于艳芳　著

人民出版社 出版发行
(100706　北京市东城区隆福寺街 99 号)

北京龙之冉印务有限公司印刷　新华书店经销

2014 年 12 月第 1 版　2014 年 12 月北京第 1 次印刷
开本:710 毫米×1000 毫米 1/16　印张:14.25
字数:204 千字

ISBN 978-7-01-014461-0　定价:38.00 元

邮购地址 100706　北京市东城区隆福寺街 99 号
人民东方图书销售中心　电话 (010)65250042　65289539

序

就业是民生之本，安国之策，和谐之源。当前的就业问题引起了专家、学者的广泛关注，也是各国政府和社会面临的重大课题。只有扩大就业、促进再就业，才能为整个经济社会的持续、健康发展提供必要的前提和基础，才能实现整个社会的稳定与和谐。欧盟劳动力市场的灵活保障模式将灵活性与保障性统一起来，实现了劳动力市场效率与公平的统一，创造了“就业奇迹”，引起国际社会的高度关注。《欧盟劳动力市场灵活保障模式研究》一书紧密结合当前热点、重点问题，选题具有重要意义。

《欧盟劳动力市场灵活保障模式研究》一书采用历史研究方法，深入研究了欧盟劳动力市场灵活保障模式的发展历程，将灵活保障模式分为先行实践阶段、号召成员国学习的发展阶段、制定并执行共同原则的成熟阶段以及应对金融危机的挑战阶段；采用比较研究法，在对北欧模式、盎格鲁—撒克逊模式、地中海模式和大陆模式进行研究的基础上，通过比较最大限度地凝练出了各种模式的异同，深入分析了各模式的本质区别；采用总体分析与个体分析相结合的方法，在对欧盟劳动力市场灵活保障模式进行总体考察的基础上，又重点考察了不同模式的典型代表国家丹麦、荷兰，英国、爱尔兰，西班牙、意大利德国、法国八个国家的具体运行情况；采用定性分析与定量分析相结合的方法，在普遍定性分析的基础上，参照劳动力市场指标体系内容，选择代表性的 13 个国家 2001—2013 年的数据资料，运用面板数据模型进行分析，从就业率、失业率和劳动力参与率三个方面初步验证了灵活保障模式的有效性。

于艳芳博士勤奋努力，查阅了大量的国内外文献，通过悉心研究，终于完成此书。此书论证充分合理，行文流畅，层次清晰，结论准确恰当；有针对性地提出在确定劳动力市场灵活性和保障性权衡点的基础上，确保灵活、安全的合同安排，健全失业保险制度，实施积极劳动力市场政策，并强化终身学习，发展可持续的、有效的社会对话，充分发挥税收支持作用等构建中国灵活保障劳动力市场的具体措施，具有一定的科学性、可行性和可借鉴性。

最后，希望于艳芳继续努力，对于欧盟劳动力市场一体化方面进行深入研究，为我国长三角、珠三角、京津冀区域劳动力市场一体化的发展提供可供借鉴的有益经验。

成新轩

2014 年 9 月 28 日

目　录

图表目录

前言

就业不仅涉及劳动者劳动权利的实现，更重要的是关系到整个国家经济的发展和社会的稳定。因此，世界各国都把促进充分就业、降低失业率作为主要的宏观经济目标之一。20 世纪 70 年代的经济危机以后，西方各国面临失业率持续上升的巨大压力，相继进行了劳动力市场灵活化的改革。但劳动力市场的灵活化在降低失业率、提高就业率的同时，也产生了收入差距扩大、社会排斥加剧以及工作贫困等一系列社会问题，严重威胁到了劳动力市场中的雇员。如何将劳动力市场的灵活性与保障性统一起来，实现劳动力市场公平与效率的统一，成为世界各国劳动力市场改革所面临的重要问题。20 世纪 90 年代，欧盟推行了劳动力市场灵活保障模式。无论是从提高就业率方面，还是从降低失业率方面，欧盟各国都创造了“就业奇迹”，尤其是丹麦、荷兰两个先行实践国，引起了国际社会的高度关注。实践初步证明，欧盟劳动力市场灵活保障模式是一条有效的路径。目前，中国的失业问题较严重，相关法律法规、社会保障制度、劳动力市场政策和公共就业服务体系等方面还不够健全、完善。因此，面对严峻的失业问题，研究欧盟劳动力市场灵活保障模式，结合本国国情，探索一条中国特色的灵活保障路径，具有重要的理论价值和现实意义。

本书以失业理论、劳动力市场理论以及其他相关理论为基础，运用文献研究法、历史研究法、比较研究法、定性分析与定量分析相结合的方法，在参照劳动力市场指标体系基本内容的基础上，选择关键的失业率、就业率、劳动力参与率三个指标和长期失业率、青年失业率、青年就业率、青年劳动力参与率四个辅助指标，对欧盟各个具体模式的代表国家采用面板数据模型进行分析，并初步得出该模式有效的结论。这也成为本书研究最主要的创新之处。

基于以上思路，本书主要从四个方面，分八章进行论述：

首先，本书展开基础性研究，为整个研究奠定理论基础，主要包括第一章、第二章和第三章。本书阐述了选题背景、研究意义、国内外研究现状等基本内容，在掌握前人研究成果的基础上，继续系统、深入的研究；本书还详细梳理了欧盟劳动力市场灵活保障模式相关概念的不同观点，并在此基础上提炼出了本书的观点；此外，本书还介绍了失业理论、劳动力市场理论以及其他相关理论。

其次，本书进行扩展研究，从纵向的发展历程和横向的运行机制两方面进一步研究，主要包括第四章和第五章。在经济全球化、欧盟一体化、高新技术快速发展以及劳动力市场灵活化改革的背景下，历经先行实践阶段、逐步发展阶段、成熟完善阶段和应对挑战阶段。欧盟劳动力市场灵活保障模式形成四种代表性模式。其中，北欧模式具有高灵活性和高保障性，盎格鲁—撒克逊模式具有高灵活性和低保障性，地中海模式具有低灵活性和低保障性，大陆模式具有低灵活性和高保障性。基于一定的社会、文化和历史传统，各模式典型代表国家，如丹麦、英国、意大利、德国，在成功权衡灵活性和保障性的同时，又具有不同的运行机制。通过深入对比分析，找出不同模式间的差异，是本书研究的重点。

再次，本书进行深入研究，进一步分析灵活保障模式产生的效应，并对其进行客观评价，主要包括第六章和第七章。本书分析了欧盟劳动力市场灵活保障模式直接对劳动力市场的就业率、失业率和劳动力参与率的影响，间接对经济效率和社会发展的影响；并进一步对劳动力市场效应进行了实证分析，量化了就业保护政策严厉程度、失业保险替代率、积极劳动力市场政策、工会密度以及劳动税收的作用方向和影响程度，从而初步证明了该模式的有效性。但是，任何事物都有两面性，欧盟劳动力市场灵活保障模式在创造“就业奇迹”的同时，也面临着严峻的挑战。为了更好地权衡劳动力市场的灵活性和保障性，我们需要继续探索未来的改革方向。这部分也是本书研究的核心内容。

最后，本书研究的落脚点，在借鉴欧盟成功经验的基础上，构建中国的灵活保障劳动力市场，主要包括第八章。所谓他山之石可以攻玉。本书在确定构建灵活保障劳动力市场权衡点的基础上，提出了具体的改革方案。主要包括确保灵活、安全的合同安排，健全失业保险制度和实施积极劳动力市场政策的具体措施；引入终身学习，发展可持续的、有效的社会对话和充分发挥税收支持作用的配套措施。完善中国的劳动力市场，既要兼顾灵活性和保障性，又要侧重保障性，探索一条中国特色的灵活保障路径，以期缓解失业问题。

本书在撰写过程中参考了国内外专家的优秀研究成果；本书的顺利出版得到了人民出版社的支持和帮助。

由于时间和水平有限，本书的缺点和不足之处还在所难免，真诚欢迎广大读者给予批评指正。

第一章　导　论

第一节　欧盟劳动力市场灵活保障模式的研究背景与意义

一、欧盟劳动力市场灵活保障模式的研究背景

就业是民生之本，是国家宏观经济政策目标之一。就业和失业是一个问题的两个方面。一直以来，失业问题都是困扰一国社会经济发展的关键问题，引起了国内外政府、专家学者的广泛关注。失业问题处理不好，必然会影响社会的安定团结，制约社会经济的向前发展。所以，解决失业问题具有十分重要的政治、经济以及社会意义。我国政府也一直对解决失业问题给予高度的重视。但目前，我国的法律法规制度、社会保障制度、教育体制、劳动力市场政策和就业服务体系等方面都还不够健全、完善，致使失业频繁发生。而欧盟劳动力市场的灵活保障模式，无论从提高就业率方面还是从降低失业率方面，都取得了巨大的成就，为我国构建灵活保障劳动力市场，缓解失业问题提供了宝贵的经验。

1973 年的石油危机和经济危机以后，在严重的、持续的高失业背景下，西方大部分发达国家都开始奉行新自由主义，逐渐摒弃传统凯恩斯主义的就业政策，对劳动力市场进行灵活化改革。劳动力市场灵活化改革提高了就业率、降低了失业率，创造了“就业奇迹”，并成为了这些国家劳

动力市场改革的共同发展方向。但与此同时，也不可避免地产生了很多社会问题，居民收入差距逐渐扩大、社会排斥现象不断加剧等问题，严重的侵害了劳动力市场中雇员，尤其是弱势群体的基本权利。因此，劳动力市场改革，需要实现灵活性与保障性的统一，兼顾劳动力市场的效率与公平。在这种大的时代背景之下，无论是发达国家，还是发展中国家、转型国家，都面临劳动力市场进一步改革方向的问题。因此，各国政府、专家学者、相关国际组织都相继对劳动力市场的灵活性和保障性进行深入地理论研究与探讨。

20 世纪 90 年代末期，欧盟的就业政策开始转向“灵活保障”的发展方向。尤其是丹麦由灵活的劳动力市场、慷慨的社会福利制度和积极劳动力市场政策构成的“金三角”灵活保障模式，通过在较高的外部数量灵活性、较高的收入保障和就业保障之间的平衡，创造了“就业奇迹”，引起了国际社会的高度关注。实践证明，灵活性和保障性的有机结合是实现劳动力市场效率与公平统一的有效途径。从效率的角度讲，灵活性与保障性的互补是增强竞争力、增加就业和提高工作质量的重要途径；从公平的角度讲，灵活性与保障性的互补是增强社会凝聚力、防止社会排斥的重要措施。

在经济全球化背景下，欧盟劳动力市场灵活保障模式代表了社会前进的方向。为此，我们应该全面、系统地研究欧盟劳动力市场灵活保障模式，并在借鉴其经验的基础上，为我国完善劳动力市场，缓解失业问题提供一条有效的路径。

二、欧盟劳动力市场灵活保障模式的研究意义

首先，通过探讨现有相关概念和理论的研究成果，界定欧盟劳动力市场灵活保障模式相关概念，厘清基本理论的思路，深入理解灵活保障模式的内涵，揭示灵活保障模式的本质，为进一步研究提供新的视角。

其次，通过对欧盟劳动力市场灵活保障模式的深入探讨，全方位剖

析其发展历程、形成基础、运行机制以及实施效果，为进一步研究奠定基础。

再次，通过劳动力市场指标体系的设计，量化欧盟劳动力市场灵活保障模式对就业率、失业率、劳动力参与率产生的效果，对该模式的运行效果进行初步的检验。

最后，借鉴欧盟劳动力市场灵活保障模式的经验，为构建我国灵活保障劳动力市场，缓解失业问题提供基本思路和具体措施。

第二节 欧盟劳动力市场灵活保障模式的国内外研究现状

一、欧盟劳动力市场灵活保障模式的国外研究现状

第一，灵活保障的内涵方面。Wilthagen and Rogowski (2002) 认为灵活保障是一种政策策略（Political Strategy）；Wilthagen and Tros (2004)，Daniela Pasnicu (2008) 不仅把灵活保障定义为一种政策战略，还定义为一种劳动力市场状态或条件，一种分析框架；Keller and Seifert (2004)，Klammer (2004、2005) 认为灵活保障是一种分析的框架；P. Kongsoj Madsen 认为灵活保障仅仅基于丹麦的“金三角”模式；European Commission (2007) 则认为灵活保障是一种经营理念（Operational Concept）。

第二，发展历程和形成基础方面。Wilthagen (1998) 认为灵活保障概念起源于荷兰，由荷兰社会学家 Hans Adriaansens 于 1995 年提出；Larsen (2004) 分析了丹麦劳动力市场政策的历史发展过程；Wilthagen 和 Tros (2004) 介绍了灵活保障模式的发展历程。

Wilthagen 和 Tros (2004) 提出了灵活保障模式的形成基础主要是社会伙伴之间的相互信任，假期、培训、岗位轮换，集体谈判，劳动力市场权利下放政策，国家协调以及具备一定的经济和劳动力市场条件；Lang

(2006) 介绍了丹麦模式的历史制度基础；Dr. Frank Tros (2003) 介绍了荷兰灵活保障的形成基础主要是合同安排、终身学习、积极劳动力市场政策和社会保障制度，并分析了社会伙伴、工会、雇主协会以及集体谈判的作用①。

第三，具体实践方面。Wilthagen 和 Tros (2004) 深入分析了灵活保障在荷兰的起源，并对欧盟成员国——德国、比利时、荷兰、丹麦的具体灵活保障措施进行了比较；Visser et al (2004) 分析了荷兰部分时间工作的发展历程，并提出了其从非正规到正规的观点。丹麦哥本哈根大学副教授 Madsen (2002) 对丹麦的“金三角”模式进行了深入分析；Bredgaard et al (2005) 分析了丹麦劳动力市场的灵活性与保障性的关系；Andersen 和 Mailand (2005) 展望了丹麦灵活保障模式的具体方向；Torben M.Andersen (2006) 分析了丹麦的灵活保障模式包括灵活的解雇佣政策、慷慨的福利制度和积极的劳动力市场政策。Janine Leschke (2006) 介绍了德国灵活保障的实施经验；Ton Wilthagen，Frank Tros and Harm Van Lieshout (2003) 介绍了德国、比利时、荷兰、丹麦的灵活保障模式，并指出不同国家的不同侧重点：德国、比利时强调内部数量灵活性，丹麦、荷兰强调外部数量灵活性；德国、比利时强调收入安全，丹麦、荷兰强调工作安全；但这些国家都倾向于工资灵活性②。Wilthagen and F. Tros (2004) 也比较了荷兰、德国、比利时、丹麦四个国家的差异，认为各个国家都是在灵活性和保障性之间寻求平衡，各国的侧重点不同，同时各个国家灵活保障的实施程度不同。国际劳工组织专家卡则斯和纳斯波洛娃 (2003) 的著作《转型中的劳动力市场：平衡灵活性与安全性——中东欧的经验》，对转型国家所需的灵活性与安全性程度及其劳动力市场政策和社会政策的指向性含义进行了探讨，填补了关于中东欧转型国家特定案例在这一重要研究领域的

① Ton Wilthagen，Frank Tros，Harm Van Lieshout：*Towards "Flexicurity" Balancing Flexibility and Security in EU Member States*，2003.

② Ton Wilthagen，Frank Tros，Harm Van Lieshout：*Towards "Flexicurity" Balancing Flexibility and Security in EU Member States*，2003.

空白。

第四，效应、面临挑战及启示方面。有关欧盟劳动力市场灵活保障模式效应的研究成果较多，尤其是先行实践国丹麦、荷兰，主要体现在降低失业率、提高就业率和增强国际竞争力等方面。Torben M. Andersen（2006）分析了灵活的解雇佣政策、慷慨的福利制度和积极劳动力市场政策三因素对降低失业率的贡献；Lang（2006），Bengt-Ake Lundvall（2009）和 Alka Obadić（2009）定性分析了丹麦模式的效应。Larsen（2004）分析了丹麦灵活保障模式面临的挑战；Lang（2006）介绍了丹麦模式的缺点；Torben M. Andersen（2006）指出丹麦灵活保障模式具有成本高的缺点；Janine Leschke（2006）介绍了德国灵活保障模式的教训；Thomas Bredgaard，Flemming Larsen 和 Per Kongshøj Madsen（2005）分析了灵活的劳动力市场、收入保障和积极劳动力市场政策面临的挑战。欧盟劳动力市场灵活保障模式的启示方面：Lang（2006）认为其他国家不能轻易地移植丹麦模式；Torben M. Andersen（2006）认为丹麦灵活保障模式不是其他国家都可以直接效仿的，还取决于各个方面的相互协调与配合。

第五，金融危机影响方面。2008 年金融危机发生后，许多专家学者关注欧盟劳动力市场的反映，以及金融危机对劳动力市场灵活保障模式的影响。研究主要包括 Torben M. Andersen（2012）《大萧条下的灵活保障劳动力市场——以丹麦为例》，Henning Jørgensen（2010）《危机中的丹麦灵活保障》，Madsen（2010）《劳动力市场政策面临危机：做什么和不做什么》，Tangian，Andranik（2010）《不适合坏天气：灵活保障面临危机挑战》。丹麦前就业部长 Claus Hjort Frederiksen 灵活保障（2009）对灵活保障模式充满信心，认为灵活保障模式适合于最好和最坏的年代。Tangian（2010）认为灵活保障仅仅适合“好天气”。Henning Jørgensen（2010）认为没有最适宜的模式，尽管目前存在危机就业问题的情况下，丹麦灵活保障模式仍然运转，对灵活保障说“再见”还为时过早。欧盟委员会（2009）的《灵活安全性：欧洲就业问题的解决方案?》报告指出，在金融危机情况下是否继续实施劳动力市场的灵活安全性政策战略又处在了一个新的十字路口。

总之，国外尤其是欧盟成员国对欧盟劳动力市场灵活保障模式的研究相对较多，起步也较早。国外研究成果既涉及劳动力市场灵活保障模式相关概念界定、形成基础，又涉及灵活保障模式在一些国家的具体实践，实施效果评价，以及金融危机对灵活保障模式的冲击。但总体来讲，目前研究相对还比较分散，不成体系，而且每位学者研究的侧重点各不相同，对金融危机下的劳动力市场定量研究相对较少。

二、欧盟劳动力市场灵活保障模式的国内研究现状

第一，理论基础方面。相关的就业或失业理论研究很多，主要有袁志刚的《失业经济学》(1997)、厉以宁和吴世泰的《西方就业理论的演变》(1988)、方福前的《当代西方经济学主要流派》(2004)。在应用方面，李敏在《中国就业问题研究》(2005)、吴芹在《欧盟失业问题研究——高失业率持久化的市场障碍分析》(2007)、张然在《欧盟灵活保障就业政策研究》(2008)中总结了西方经济主流学派的就业理论。有关劳动力市场的理论基础，主要有郑功成、曾湘泉、杨河清、赵领娣的《社会保障学》、《劳动经济学》，涉及劳动力市场分割理论、劳动力市场歧视理论、劳动力市场搜寻理论、劳动力流动理论等。

第二，发展历程方面。张然在《欧盟灵活保障就业政策研究》(2008)中认为灵活保障模式是经过凯恩斯就业政策阶段、新自由主义就业政策与合作主义就业政策并存阶段发展而来的，并将灵活保障模式称为劳动力市场的“第三条道路”[①]。孔德威在《劳动就业政策的国际比较研究》(2007)中分析了灵活安全劳动就业政策的发展历程。灵活安全这一概念在1995年提出来以后；荷兰议会在1997年年底采纳了灵活性与保障性的建议；随后，其他欧盟成员国也逐渐接受了该概念。在欧盟的很多峰会上，将灵活

① 张然：《欧盟灵活保障就业政策研究》，博士学位论文，华东师范大学，2008年，第24页。

性与保障性联系起来的思想都作为重要的议题得到了重视，尤其是2006年10月在芬兰拉赫迪召开的欧盟首脑会议，制定出了劳动力市场灵活保障战略应该遵守的基本准则①。

第三，形成基础方面。孔德威在《劳动就业政策的国际比较研究》（2007）中分析了灵活保障劳动就业政策的制度基础是良好的社会公德、历史文化传统、集体谈判制度和以中小企业为主的产业组织结构。刘艳丽在《丹麦劳动力市场的灵活安全性分析》（2007）中认为灵活安全模式的制度基础主要包括传统的福利机会均等的价值理念，长期的政党之间合作传统，良好的社会对话机制，以中小企业为主的产业组织结构，以及涵盖了成人公共教育制度、劳动力市场培训制度等内容的教育制度②。

第四，模式方面。张然在《欧盟灵活保障就业政策研究》（2008）中介绍了丹麦灵活保障模式是由灵活的劳动力市场、慷慨的社会福利制度和积极的劳动力市场政策构成，是“正规就业的非正规化”；荷兰则是通过对部分时间工作、劳务派遣工作和固定期限合同工作实行正规化措施，实现了“非正规就业的正规化”，并比较了各模式的差异③。王阳在《转型期中国劳动力市场灵活安全性研究》（2010）中从长期传统形成的静态模式和伴随劳动力市场改革形成的动态模式角度，分别介绍了丹麦灵活安全的“金三角”静态模式和荷兰灵活安全性的“政策集”动态模式。沈琴琴在《中国劳动力市场灵活性与安全性研究》（2014）中介绍了德国劳动力市场从僵化到灵活与安全的转变，以及荷兰与丹麦劳动力市场的灵活安全模式。

第五，效应与面临挑战方面。孔德威在《劳动就业政策的国际比较研究》（2007）中分析了灵活保障劳动就业政策的实施效果，从就业率、

① 孔德威：《劳动就业政策的国际比较研究》，博士学位论文，东北师范大学，2007年，第58—59页。

② 刘艳丽：《丹麦劳动力市场的灵活安全性分析》，硕士学位论文，河北师范大学，2007年，第27—32页。

③ 张然：《欧盟灵活保障就业政策研究》，博士学位论文，华东师范大学，2008年，第91页。

失业率和国际竞争力三方面，通过与其他国家的数据资料比较，证明了“就业奇迹”。刘艳丽在《丹麦劳动力市场的灵活安全性分析》(2007) 中认为丹麦的就业奇迹主要表现在：失业率快速下降，就业率稳步上升；就业增加但没有拉大贫富差距；失业中的结构性不平衡现象基本根除，就业增长没有造成通货膨胀。张然在《欧盟灵活保障就业政策研究》(2008) 中介绍了丹麦灵活保障模式面临的挑战，主要有不容乐观的宏观经济形势、社会福利资金问题、高税收带来的风险、边缘群体就业问题、灵活的劳动力市场与雇员培训之间存在的矛盾，以及丹麦传统与欧盟规则之间的冲突。孔德威在《劳动就业政策的国际比较研究》(2007) 中分析了丹麦灵活安全劳动就业政策面临工作岗位的转移、对经济活动的抑制、对劳动力跨地区自由流动的障碍等各种风险①。

第六，对中国的启示方面。张然在《欧盟灵活保障就业政策研究》(2008) 中研究了影响欧盟就业政策发展的价值理念，展望了欧盟“灵活保障”就业政策的发展前景，并提到其对中国就业的启示。付鸿彦在《欧盟“灵活安全型”劳动力市场改革及其启示》(2008) 中从国际比较的角度探讨了“灵活安全型”劳动力市场改革对中国的借鉴意义，并建议从社会保障制度、工资形成和雇佣决策机制、劳动力市场规制等方面鼓励劳动力市场竞争、加强社会对话、实行积极的就业政策，并大力开发灵活的就业形式。刘艳丽在《丹麦劳动力市场的灵活安全性分析》(2007) 中认为丹麦成功的灵活安全性劳动力市场模式是与其传统的历史、文化以及社会经济结构密切相关的。对于中国来说，建立“功能灵活性”与“就业安全性”、“收入安全性”平衡的灵活安全模式是一种理想的选择。中国要充分发挥政府的作用，进一步强化三方合作机制，将提高就业能力作为就业政策的重要支柱，并不断完善积极的劳动力市场政策②。杨双东在《金融危

① 孔德威：《劳动就业政策的国际比较研究》，博士学位论文，东北师范大学，2007 年，第 75—76 页。

② 刘艳丽：《丹麦劳动力市场的灵活安全性分析》，硕士学位论文，河北师范大学，2007 年，第 34—39 页。

机下丹麦劳动力市场的灵活安全模式分析》(2011)中指出要深入研究经济危机与劳动力市场灵活安全性、劳动力市场制度设计与经济周期变化、内部灵活性与内在稳定器、不稳定就业与就业能力提高等之间的关系，以此准确把握中国劳动力市场改革的目标取向与政策选择。

第七，金融危机的影响及对策方面。丁纯，李嫦在《金融危机下欧盟劳动力市场的表现、成因和对策研究》(2009)中指出，金融危机对欧盟劳动力市场的影响，以及面对冲击劳动力市场改进的具体措施，如增强劳动力市场的灵活性，加强职业培训和强化终身学习战略。杨双东在《金融危机下丹麦劳动力市场的灵活安全模式分析》(2011)中指出金融危机下丹麦劳动力市场灵活安全性模式遭受了严重冲击，失业率快速增加、就业率大幅下降和社会安全网难以为继，并提出强化灵活安全性模式新工作的创造能力、加大积极的劳动力市场政策的实施力度、实施工作分享计划和完善失业救济制度等对策。沈琴琴在《中国劳动力市场灵活性与安全性研究》(2014)中提出了 2008 年金融危机对德国、丹麦、荷兰灵活保障模式的影响。

除了上述研究成果以外，相关研究成果还有：

杨伟国，唐穗在《欧洲灵活保障模式：起源、实践与绩效》(2008)中从灵活保障模式的界定出发，结合全球化、欧洲劳动力市场规制、社会模式传统和现有政策实践，介绍了欧洲灵活保障模式的起源；从灵活保障模式的一般类型出发，探讨了丹麦与荷兰两国的先行实践以及欧盟其他国家的政策实践；并对欧洲各国的灵活保障实践进行了对比分析。

张车伟在《欧盟劳动力市场改革对中国的启示》(2007)中认为欧盟劳动力市场改革的方向是追求劳动力市场的灵活与保障，并在介绍丹麦和奥地利经验的基础上探讨了对中国的启示。在《中国 30 年经济增长与就业：构建灵活安全的劳动力市场》(2009)一文中讨论了中国当前劳动力市场所面临的结构性矛盾突出、就业非正规化严重、初次收入分配扭曲等主要问题，并提出构建安全灵活劳动力市场的概念和设想。

孔德威在《灵活化时代的就业稳定性分析》(2007)中指出，借鉴其他国家的经验，灵活安全模式是中国劳动力市场就业政策的路径选择，应当实现三方面的转变，即从工作安全保护向就业安全保护的转变、从就业立法保护向集体谈判机制保护的转变、从社会保护向就业能力保护的转变。

总之，国内对于欧盟劳动力市场灵活保障模式的研究相对较少，起步也较晚。国内的研究成果是在国外研究的基础上开展的，虽然也涉及相关内容的方方面面，但主要还是侧重于某个国家或某个具体问题的研究，相对比较零散，不够深入、系统。

综上所述，对于欧盟劳动力市场灵活保障模式的研究主要集中在国外学者，国内学者的研究相对较少，还处于起步阶段。从已查阅的相关文献资料来看，这些研究虽然也涉及灵活保障模式的概念、发展历程，丹麦、荷兰以及其他几个成员国灵活保障模式的发展，灵活保障模式的效应、面临的挑战，以及灵活保障模式对中国就业的启示等方面，但每一方面的研究都不完全到位。具体来讲，对欧盟劳动力市场灵活保障模式的研究不完整，主要针对北欧模式，而且主要研究先行实践国丹麦、荷兰，更没有进行对比分析，总结异同；对劳动力市场灵活保障模式的效应分析也不全面，只涉及了劳动力市场方面，没有从社会发展、经济效率两方面综合考虑，尤其是缺乏定量分析；对于欧盟劳动力市场灵活保障模式的形成基础以及灵活保障模式对中国劳动力市场的启示，更是没有作为研究的重点进行系统的研究；金融危机下灵活保障模式的研究还比较肤浅，缺乏定量分析。

第三节　本书的研究内容与框架结构

一、本书研究内容

本书共分为八章，主要研究内容如下：

第一章导论。主要包括本书研究的背景与意义、国内外研究现状、研究内容与框架结构、研究方法及主要创新之处。

第二章欧盟劳动力市场灵活保障模式概述。主要包括有关劳动力市场的概念，劳动力市场灵活性、保障性的概念和类型，灵活性与保障性之间的关系；灵活保障的概念和形成路径；劳动力市场灵活保障模式等相关内容。通过细致的梳理国内外学者的不同观点，提出本书的研究角度和侧重点。

第三章欧盟劳动力市场灵活保障模式的理论基础。主要包括古典主义、凯恩斯主义、新古典综合派、新凯恩斯学派等失业理论，劳动力市场分割、歧视以及搜寻等劳动力市场理论，以及劳动力流动理论、人力资本理论、工会理论、劳动合同理论、政府干预理论等其他相关理论。通过深入的分析国内外学者的相关理论研究成果，为本书行文奠定理论基础。

第四章欧盟劳动力市场灵活保障模式的历史演进。主要包括欧盟劳动力市场灵活保障模式的形成背景，欧盟劳动力市场灵活保障模式的形成基础，欧盟劳动力市场灵活保障模式的发展历程。通过对欧盟劳动力市场灵活保障模式形成的国际化社会、经济环境的分析和各国具体的形成基础以及具体发展历程的概括，深入地研究了欧盟灵活保障模式的发展路线。

第五章欧盟劳动力市场灵活保障模式的运行机制。主要包括北欧模式、盎格鲁—撒克逊模式、地中海模式和大陆模式不同国家的具体运行机制以及不同模式的对比分析。本书全面、深入地分析了丹麦、荷兰、英国、爱尔兰、西班牙、意大利、德国、法国八个国家劳动力市场灵活保障模式的具体运行机制，并对比分析了不同模式的异同。这部分是本书研究的重点内容。

第六章欧盟劳动力市场灵活保障模式的效应分析。主要包括直接对劳动力市场产生的效应、间接对经济效率和社会发展产生的效应以及该模式的劳动力市场效应的实证分析。本书全面分析了劳动力市场指标体系的内容，为后文模式效应分析的指标选取奠定基础；欧盟劳动力市场灵活保障模式的效应分析主要从就业率、失业率、劳动力参与率三个主要劳动力市场指标以及长期失业率、青年失业率、青年就业率、青年劳动力参与率四个辅助指标进行分析、检验。这部分是本书研究的核心内容，不仅从理论上说明了该模式是有效的，而且通过多年数据资料的实证分析，初步证明了欧盟劳动力市场灵活保障模式是有效的就业模式。

第七章欧盟劳动力市场灵活保障模式面临的挑战和改革方向。主要包括劳动力市场灵活性和保障性面临的挑战以及未来的改革方向。任何事物都有两面性，欧盟劳动力市场灵活保障模式在创造“就业奇迹”的同时，也面临严峻的挑战，值得注意。但是，欧盟劳动力市场灵活保障模式是未来总的发展趋势，代表着未来的发展方向，我们应该在迎接挑战的同时，继续探索前行。

第八章欧盟劳动力市场灵活保障模式对中国的启示。主要包括构建中国灵活保障劳动力市场的基本思路以及具体措施、配套措施。其中，具体措施包括确保灵活、安全的合同安排，健全失业保险制度和实施积极劳动力市场政策；配套措施包括强化终身学习，发展可持续、有效的社会对话和充分发挥税收的支持作用三个方面。这部分在借鉴欧盟劳动力市场灵活保障模式经验的基础上，结合中国现阶段劳动力市场的特点，提出了构建中国灵活保障劳动力市场的具体实施方案，以期完善中国的劳动力市场，缓解失业问题。

二、本书框架结构

本书的研究在结构上可以分为四大部分。第一部分为第一章、第二章和第三章，是整体研究的基础，包括研究背景与研究意义、国内外研究现状、研究内容与框架结构、研究方法与主要创新之处，欧盟劳动力市场灵活保障模式的相关概念界定，欧盟劳动力市场灵活保障模式的相关理论基础，它为本书的研究提供了理论支持。第二部分为第四章和第五章，是研究的逐步扩展，包括欧盟劳动力市场灵活保障模式的历史演进和欧盟劳动力市场灵活保障模式的运行机制，从纵向和横向两个方面进行进一步研究。第三部分为第六章和第七章，是整个研究的主体，包括欧盟劳动力市场灵活保障模式的成效分析和欧盟劳动力市场灵活保障模式面临的挑战及改革方向。这一部分针对欧盟13个国家，从劳动力市场评价指标：就业率、失业率、劳动力参与率以及长期失业率、青年失业率、青年就业率、青年劳动力参与率的角度，采用面板数据模型，得出欧盟劳动力市场灵活保障模式有效的结论。但是，这种模式也不是万能的，在创造“就业奇迹”的同时，也面临严峻的社会、经济等方面的挑战，我们还要进行长期的检验，探索未来的发展方向。第四部分为第八章，借鉴欧盟劳动力市场灵活保障模式的经验，结合中国劳动力市场及就业存在的问题，为构建中国灵活保障的劳动力市场，缓解失业问题提供启示。本书具体框架结构，如图1－1。

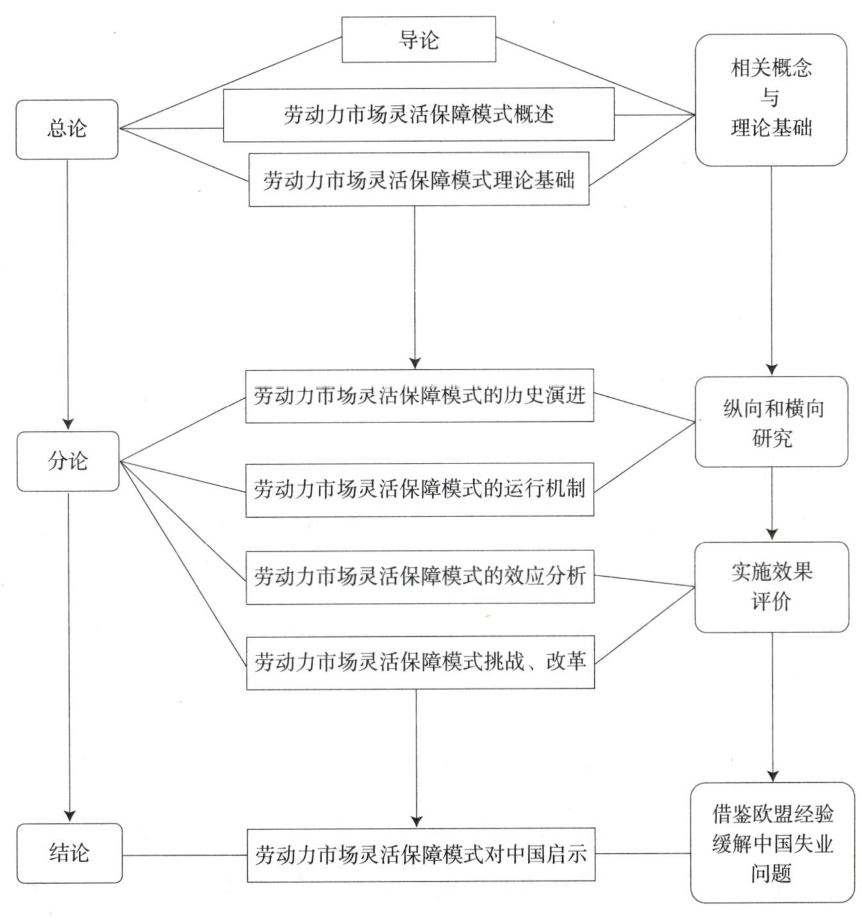

图1－1　本书框架结构示意

第四节　本书的研究方法与主要创新点

一、研究方法

本书的研究涉及经济学、社会学和人口学等相关学科，在经济学科中又涉及劳动经济学、西方经济学、制度经济学等学科的内容。具体地说，本书主要采用了以下几种研究方法。

（一）文献研究法

文献研究法是最简单的探索性研究方法，国内外的大量文献是本书研究的基础。本书尽量充分的收集了国内外政府、机构、专家、学者以法令条文、研究论文、学术文章、新闻和相关网站等公开发表或出版的有关欧盟劳动力市场灵活保障模式的资料，并在此基础上，经过筛选、梳理，深入地分析和思考，找到本书研究的切入点，进而进行后续研究。

（二）历史研究法

任何事物都不是突如其来的，都有一个连续发展的过程。要弄清事物的本质，揭示其内在的发展规律，必须追根溯源，应用历史研究法。本书深入的研究了欧盟劳动力市场灵活保障模式的形成背景、发展历程、运行机制以及运行成效，从而揭示出灵活保障模式的有效性，为我国解决失业问题提供可借鉴的经验。

（三）比较研究法

欧盟各国情况千差万别，有比较才有鉴别。本书在对北欧模式、盎格鲁—撒克逊模式、地中海模式和大陆模式进行了单独研究以外，又进行了比较研究，最大限度地凝练出了各种模式的共同点和不同点，深入的分析了各种模式的本质区别。

（四）实证分析与规范分析相结合的方法

在经济学研究中，实证分析研究经济活动“是什么”，规范分析研究经济活动“应该是什么”。本书采用实证分析与规范分析相结合的方法，尤其强调实证分析的方法，通过大量的事实资料、数据和指标，来说明欧盟劳动力市场灵活保障模式的效应。

（五）总体分析与个体分析相结合的方法

本书采用总体分析与个体分析相结合的方法，既要找到普遍规律，又要注重各个国家间的差异。在对欧盟劳动力市场灵活保障模式进行总体考察的基础上，又重点考察了不同模式的典型代表国家丹麦、荷兰，英国、爱尔兰，西班牙、意大利，以及德国、法国八个国家的具体运行情况。

（六）定性分析与定量分析相结合的方法

为了深入揭示事物的本质，本书在对欧盟劳动力市场灵活保障模式进行大量定性分析的基础上，选择有代表性的13个国家的数据资料，采用面板数据模型，从就业率、失业率和劳动力参与率三个方面初步验证了模式的有效性。

二、主要创新点

本书的创新点主要有以下三个方面：

第一，本书将欧盟劳动力市场灵活保障模式的发展历程分为四个阶段，即2000年以前的先行实践阶段、2000—2006年的号召成员国学习的发展阶段、2006—2008年的制定并执行共同原则的成熟阶段以及2008年至今的应对金融危机的挑战阶段。

第二，本书在参照劳动力市场指标体系基本内容的基础上，选择关键的失业率、就业率和劳动力参与率三个指标，对欧盟劳动力市场灵活保障模式代表国家，采用面板数据模型进行分析，并初步得出该模式可以降低失业率、提高就业率以及提高劳动力参与率的有效结论。

第三，本书在借鉴欧盟经验的基础上，有针对性地提出了构建中国灵活保障劳动力市场的基本思路、具体措施和配套措施。要在确定劳动力市场灵活性和保障性权衡点的基础上，确保灵活、安全的合同安排，健全失业保险制度，实施积极劳动力市场政策，并强化终身学习，发展可持续的、有效的社会对话，充分发挥税收支持作用。

第二章　欧盟劳动力市场灵活保障模式概述

在进行任何研究之前，我们都应该界定清楚一些基本概念，尤其是该领域不同专家学者之间观点存在较大差异时。所以，该书在本章将界定劳动力市场、灵活性、保障性、灵活保障、模式、劳动力市场灵活保障模式等相关概念，为后文研究奠定基础。

第一节　劳动力市场的灵活性与保障性

一、劳动力市场的含义

关于劳动力市场的含义，目前大致有四种不同的观点：

第一种观点，劳动力市场是劳动力交换的场所和空间。萨尔·D.霍夫曼（1989）认为，劳动力市场是按照一定的劳动力价格来实现劳动力供求关系的场所。杨先明（1999）认为，劳动力市场是劳动力供给和劳动力需求相互作用的场所。

第二种观点，劳动力市场是劳动力交换关系的总和。廖泉文（2000）、许经勇（2000）和张荐华（2001）认为，劳动力市场是在自愿的劳动力供求双方之间发生的劳动力使用权的转让和受让活动的总和。

第三种观点，劳动力市场是一种按照市场规律对劳动力资源进行优化配置的机制。伊兰伯格、史密斯（2007）认为，劳动力市场是配置劳动力并且协调就业决策的市场。张根明（1994）认为，劳动力市场是劳动力供求双方在价值和竞争规律的影响下进行选择，进而达到劳动力资源合理配置的一种机制。

第四种观点，劳动力市场是一种动态的、抽象的综合性市场。李亚伯（2007）认为，狭义的劳动力市场是劳动力商品交换的场所和空间，广义的劳动力市场是劳动力交换的场所、空间、机制及关系的总和。国际劳工组织则把有关劳动力供求关系的所有问题都包括在劳动力市场之中。

本书采用的是第四种观点，即认为劳动力市场是综合性市场，并且有狭义和广义之分。传统的、狭义的劳动力市场是实现劳动力交换的场所和空间，是有形的市场。而随着社会经济的发展，全球经济的一体化以及互联网络的发展，劳动力市场范围会进一步扩大。现代的、广泛的劳动力市场则要涉及劳动关系和劳动力资源配置，包括无形的劳动力市场。具体涉及劳动者的求职、就业、培训、流动、失业、退休；劳动关系的建立、调整、终止，以及劳动力市场中介服务、信息引导、社会保障和劳动立法等各个方面。

二、劳动力市场的灵活性

（一）劳动力市场灵活性的概念

截至目前，劳动力市场灵活性的概念还没有完全统一，主要有以下几种观点：

Eero Polus（2005）认为，劳动力市场的灵活性是指消除阻碍劳动力市场出清的所有管制，即通过价格和劳动时间的调整来适应劳动力市场的供给与需求。

Derek Bosworth（2003）认为，劳动力市场的灵活性是指为使劳动力市场快速地转移到其均衡位置，而进行的降低解雇、雇佣成本刚性的调整。

Sandrine Cazes 和 Alena Nesporova（2005）认为，劳动力市场的灵活

性是指劳动力市场面对外部环境的冲击或变化所作出调整的速度。更广泛地讲，灵活性就是调整，刚性则恰好相反。

本书采用的是 Derek Bosworth 的观点，即认为劳动力市场的灵活性是与劳动力市场的刚性或僵化对立的，通过降低劳动力市场的刚性，解除劳动力市场的管制，可以使劳动力市场更好地适应外部环境的变化，充分发挥其作用。

（二）劳动力市场灵活性的类型

按照 Atkinson 的分类，劳动力市场的灵活性可划分为以下四种类型：第一，外部数量灵活性，是指雇主能够雇用、解雇雇员的难易程度，以及具体使用固定期限合同的频繁程度；第二，内部数量灵活性，是指在企业内部雇员数量不变的情况下，调整企业内部使用雇员数量的难易程度；第三，功能灵活性，是指通过岗位轮换、在职培训等形式，改变雇员、企业迎接挑战能力的难易程度；第四，工资灵活性，是指随着经济状况的波动，对工资水平进行适当调整的难易程度①。

按照经合组织的分类，劳动力市场的灵活性可划分为以下五种类型：第一，外部数量灵活性，是雇主通过灵活的解雇、雇用雇员调整劳动力数量，以适应目前市场发展趋势的一种能力；第二，内部数量灵活性，是雇主在维持企业原有劳动力数量不变的情形下，更改和分配劳动时间的一种能力；第三，功能灵活性，是雇主在企业内部对雇员的工作岗位、工作部门、工作内容进行灵活调配的一种能力；第四，工资灵活性，是雇主根据劳动力市场和竞争环境的变化，适时调整雇员工资或福利水平的一种能力；第五，外部灵活性，是雇主将其工作转包给予本企业只有商业契约关系，而没有就业契约关系的其他企业或雇员的一种能力②。

---

① J. Atkinson, “Flexibility: Planning for an Uncertain Future”, *Manpower Policy and Practice*, Vol 1, 1985.

② Andranik Tangian, “Monitoring flexicurity policies in Europe from three different viewpoints”, 2006, pp.7-8.

Alfons Garcia (2009) 认为，劳动力市场的灵活性包括以下四种类型：第一，外部数量灵活，即雇佣、解雇雇员灵活；第二，内部数量灵活，即调节工作时间以适应企业需要，与工作时间有关的调节；第三，功能灵活，即修改分配给雇员的任务，与花费在持续训练和积极政策的数量和效率有关；第四，劳动成本灵活，即随劳动力市场条件和个人生产力水平调节薪金，与工会、集体谈判和工资指数有关。

本书认为，劳动力市场的灵活性包括外部数量灵活性、内部数量灵活性、功能灵活性和工资灵活性四个方面。其中，外部数量灵活性主要表现为劳动力在雇主之间的流动，在实践中主要通过雇主使用各种非全时工作合同、固定期限合同和临时合同等来实现对劳动力要素数量的调整；内部数量灵活性主要适用于对工作时间有灵活性需求的轮班工作、周末或假日加班工作，以及超时工作等；功能灵活性通常表现为雇员在企业内部的流动，通过雇主为雇员提供的各种培训，使其能够胜任更多的工作岗位；工资灵活性通常表现为雇主根据外部竞争环境和雇员的表现，而不是根据集体协议达成的工资标准来确定工资水平。

三、劳动力市场的保障性

（一）劳动力市场保障性的概念

劳动力市场的保障性是与劳动力市场的灵活性对应的一个概念。具体来说，劳动力市场的保障性是指面临劳动力市场灵活性改革形成的各种风险，使失业者得到帮助，重返劳动力市场的各种具体措施的总和。

（二）劳动力市场保障性的类型

劳动力市场保障性的类型与前文灵活性的类型对应，包括以下四种类型：第一，工作保障，是指通过就业保护，对雇员在同一企业的同一工作岗位上工作的一种保障；第二，就业保障，是指在一定的就业环境、劳动力市场状况、教育培训政策下，雇员虽然不在同一企业的同一工作岗位工作，但仍然能保持就业的一种保障；第三，收入保障，是指在劳动者失业时，能通过失业保险等公共的转移支付制度，维持失业者一定收入的一种保障；第四，综合保障，是指在雇员的工作和私人生活之间进行权衡的一种保障，通常采取志愿服务、退休计划等形式①。

根据国际研究的结果，劳动力市场的保障性可以分为以下四种类型：第一，工作岗位保障性，是指保持雇员在同一企业的同一工作岗位上持续工作的保障程度。第二，就业保障性，是指保持雇员能够在职业生涯中持续就业的保障程度。第三，收入保障性，是指在雇员失业时，能够通过失业保险和现金救助等公共转移收入制度，使其获得稳定收入的保障程度。第四，组合保障性，是指通过产假、退休计划、无偿工作等形式，把雇员的工作与私人生活有机地结合在一起的保障程度②。

Alfons Garcia（2009）认为，劳动力市场的保障性包括以下四种类型：第一，工作保障（Security at the Working Place），即维持现在工作的概率，直接取决于对就业保护立法的需求；第二，就业保障（Employment Security），即受雇用的概率，但不一定从事相同的工作；第三，收入保障（Income Security），即保持相对稳定收入水平的能力，取决于失业津贴制度的建立与完善；第四，综合保障（Combined Security），即平衡工作、家庭或学习的功能。

本书认为，劳动力市场的保障性包括工作保障、就业保障、收入保障和综合保障四个方面。其中，工作保障是传统意义上的概念，是对雇员的一种很严格的保护；就业保障是对雇员能够持续就业的一种保护，主要取决于雇员在工作期间内是否具有适应变换工作岗位的能力；收入保障是对特殊失业人员获得基本生活水平的保障；综合保障是在雇员的工作、学习和生活之间的一种综合平衡。

---

① PerKongshφj Madsen，“Flexicurity A New Perspective on Labour Markets and Welfare States in Europe”.

② Andranik Tangian，“Monitoring flexicurity policies in Europe from three different viewpoints”. 2006，pp.7-8.

四、灵活性与保障性之间的关系

Janine Leschke Günther Schmid，Dorit Griga（2006）认为，灵活性和保障性之间的关系非常复杂，表现为三种关系，即替代关系（Trade-off)、补充关系（Complementary）和恶性关系（Vicious relationship）。具体关系，见表 2–1。

Anna Ilsøe（2007）认为，灵活性和保障性之间的关系：一是雇主灵活性和雇员保障性的一种所谓的综合权衡；二是在雇主和雇员之间产生利益的一种双赢过程；三是灵活性和保障性相互平衡的具体程度，包括深度、范围以及长度①。

表 2–1　灵活性和保障性之间的替代、补充、恶性关系

	工作保障	就业保障	收入保障	综合保障
外部数量灵活性	t	t/c/v	t/c/v	t
内部数量灵活性	c	c	(t) /c	t/c
内部功能灵活性	c	c	t/c	(t) /c
外部功能灵活性	c	t/c/v	t/c	t/c

注：t 表示替代关系；c 表示补充关系；v 表示恶性关系。
资料来源：Janine Leschke.On the Marriage of Flexibility and Security:Lessons from the Hartz-reforms in Germany，2006，p.4.

Wilthagen，T.and F.Tros（2004）认为，灵活性和保障性之间存在各种不同的表现形式，并通过矩阵的形式提供了一种具体的分析工具。各种可能的关系是替代（Trade-offs)、匹配（Matches）和组合（Combinations）关系。具体情况，见表 2–2。

而 Andranik Tangian 认为，灵活保障有静态和动态之分。静态的灵活保障是弱的劳动力市场调节、慷慨的社会福利制度和积极的就业激活措施的结合；动态的灵活保障指的是一个过程，并且是以一定的社会收益和刺

① Anna Ilsøe，"The Danish Flexicurity Model-a Lesson for the US？" June，2007，pp.7-8.

表 2－2　灵活性和保障性之间的替代、匹配、组合关系

	工作保障	就业保障	收入保障	综合保障
外部数量灵活性	*	*	*	*
内部数量灵活性	*	*	*	*
功能灵活性	*	*	*	*
工资灵活性	*	*	*	*

资料来源：Wilthagen，T.and F.Tros.The concept of ‘flexieurity’：A new approach to regulating employment and labour markets，2004，p.171.

激计划为补充的。静态灵活保障的典型代表是丹麦的“金三角”模式，动态灵活保障的典型代表是荷兰模式。灵活性与保障性这两者之间的替代关系可以通过效用函数或无差异曲线来反映，如图 2－1。横坐标表示就业保护立法（EPL）的严格程度（%）；纵坐标表示社会保障程度（%）。同一曲线上的点，表示在不同“灵活性—保障性”组合下，能够达到相等的效用。而且，曲线离原点越远，效用就越大；反之，效用就越小。在同一条无差异曲线上，就业保护政策严厉程度的降低能够通过社会保障程度的增加得到补偿①。

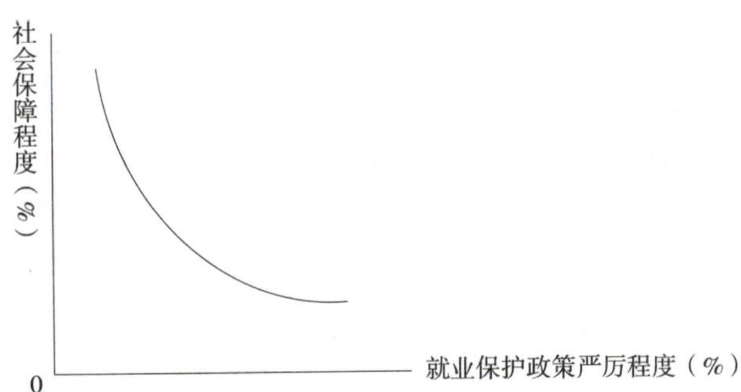

图 2－1　灵活性与保障性交替的无差异曲线

资料来源：根据 Hartmut Seifert and Andranik Tangian 图整理而来。

① Andranik Tangian，“European flexicurity: concepts，methodology and policies”，2007，p.560.

关于灵活性和保障性之间的关系，目前还存在着很多种不同的推测。一种观点认为，灵活性和保障性之间存在着消极的关系，灵活的就业模式与就业稳定性存在冲突，尤其是对于那些弱势群体，比如非熟练工；并且，高就业保障水平仅能在低水平灵活性时获得。另一种观点认为，灵活性和保障性并不是互相矛盾的，并且可以由于适当的工作场所和劳动力市场机构而得到相互支持。灵活保障是可以创造更多更好工作的一种手段，有利于形成现代劳动力市场和促进更好的工作。

总之，灵活保障不是灵活性与保障性的简单组合，远远超越单纯的灵活性和单纯的保障性。在劳动力市场上，灵活性与保障性不是对立的，而是相互支持的。按照灵活性与保障性的程度不同，组合方式应该存在若干种，并不一定有确定的数字。劳动力市场具有灵活性才能提高市场的效率，保持经济的竞争力。但是，过高的灵活性会导致贫富差距拉大，造成社会的不公平。这时，就要求有一定程度的劳动力市场保护，但过高的保障性又会导致劳动力市场僵化，削弱经济的竞争力。保障性是灵活性的前提，同时，灵活性也是保障性的前提。只有兼顾灵活性和保障性，通过发展灵活性和保障性权衡的新形式，才可以增强适应性、促进就业、增强社会凝聚力，进而既有利于经济的发展，又有利于维护社会的稳定。

第二节　劳动力市场的灵活保障

一、灵活保障的含义

灵活保障（Flexicurity）是英语中灵活性（Flexibility）和保障性[①]（Security）的缩略词。这一概念起源于 1995 年，是由荷兰社会学家 Hans Adriaansens 提出的，当时指的是增加灵活人员安全性的政治改革过程。

① 有时也译成安全性，本书对这两个概念没有区分，认为是一致的。

后来，这一概念被很多学者引用研究欧盟劳动力市场，是目前发达国家劳动力市场非常流行的概念。

关于灵活保障的概念目前并没有统一。狭义的概念是针对合同工和临时机构的工作人员的（Klammer &Tilmann 2001，Wilthagen 2002）；广义的概念包括劳动力市场的所有就业者或者用于所有就业者和失业者（Andersen & Mailand 2005，Madsen 2004）。根据学者们的研究，灵活保障的含义主要有以下三种解释。

（一）一种政策策略

Wilthagen and Rogowski（2002）认为灵活保障是一种政策策略（Political Strategy）；Wilthagen and Tros（2004）把灵活保障定义为政策战略，既要提高劳动力市场、劳动组织和劳动关系的灵活性，又要增强就业和社会的保障性，尤其对于劳动力市场内部和外部的弱势群体。Keller and Seifert（2004），Klammer（2004，2005）认为灵活保障是社会保障（Social Protection）和放松管制的政策（Deregulation Policy）。经合组织（2004）将灵活保障定义为一项可以有效达成就业目标和社会目标的政策，包括一定程度上的就业保护条例，以及帮助更受雇主欢迎的新劳动者获得工作。2007 年 6 月 27 日，欧盟委员会将灵活保障定义为一种综合战略。

（二）一种劳动力市场状态或条件

这是一种更广泛的理解，灵活保障是一种劳动力市场状态或条件，而不是一种具体的政策措施。Wilthagen and Tros（2004）将灵活保障定义如下：①一定程度的工作、就业、收入及综合的保障组合促进了劳动力市场中弱势群体的职业生涯发展，并且可以同时提供长期、高质量的劳动力市场参与度和社会参与度。②一定程度的数量、功能和工资的灵活性，使得劳动力市场上的参与者能够及时适当的依据环境变化来调整自身的行为，以增强竞争力和生产力。

（三）一种分析框架

Wilthagen and Tros（2004）认为灵活保障也是一种分析框架，可以用来分析灵活性和保障性的发展阶段和国家的劳动力市场体系。Tangian Andranik（2006）也认为灵活保障是一种分析的框架。

此外，欧盟委员会（2007）认为灵活保障是一种经营理念（Operational Concept）；P. Kongsoj Madsen 认为灵活保障仅基于丹麦的“金三角”模式；Cazes and Nesporova（2003）认为灵活保障是平衡灵活性和保障性（Balancing Flexibility and Security）。

鉴于灵活保障的内涵具有多层次性，本书倾向于将灵活保障定义为一种政策策略。

二、灵活保障的形成路径

（一）处理合同的分割

这条典型的路径适用于存在内部人与外部人劳动力市场分割的国家。这条路径的目标是通过为新劳动者提供就业的路径，激励他们进步，进入更好的合同安排，使灵活性与保障性的分配更均匀。

在这些国家，根据劳动法和集体协议，开放式合同被看作是主要的被保护路径。培训机会和社会保险也倾向于支持开放式合同。由于试图增加劳动力市场的灵活性，固定期限合同、“随叫随到”合同、劳务派遣合同有了快速的发展。通常情况下，劳动者在获得开放式合同之前，经常需要反复再三签订很长时间的固定期限合同。在这些国家，保障性依赖于工作保护而不是社会保险。因此，失业津贴水平相当低，社会救助系统发展得很落后。在这种情况下，需要增强救济金管理和公共就业服务，以为失业提供合理的安排和有效的劳动力市场政策。

1. 确保灵活、安全的合同安排

通过合同安排提高固定期限合同、“随叫随到”合同、劳务派遣合同等劳动者的地位，为这些劳动者提供足够的保护。例如，平等的工资和

“随叫随到”劳动者的最低工作时间。其次就是通过合同安排使职业培训机会等也适用这些劳动者。法律和集体协议将限制非标准合同的持续使用，并及时地促进其转换为标准合同。

另外，还将重新设计开放式合同。雇员将与雇主在一开始就签订开放式合同，不再像现在这样，开始于一系列固定期限合同、劳务派遣合同之后。同时，开放式合同将包括更先进的工作保护，开始于一个基本水平的工作保护，并随着工作的延续逐渐建立起更高水平的保护，直到实现“完全”保护。

2. 实施积极劳动力市场政策

实施有效的积极劳动力市场政策，根据职工的技能，增强公共就业服务，并确保与临时工作机构、失业救济机构和政府当局的合作。积极劳动力市场政策不仅要适用于长期失业，还要适用于由于经验缺乏导致的频繁失业者。

3. 强化终身学习

关于终身学习，雇主和公共机构应该共同努力，以改善对临时工培训的设施。目前，由于雇主不确定这部分雇员工作时间的长短，就没有给他们培训的机会。所以，部门或区域的培训基金应该启动，并确保每个人都能享受培训。国家将采取财政和税收的措施激励雇员和企业进行广泛的参与。

4. 加强社会保障制度

社会保障制度将确保临时工的权利，并提高其账户的可携带性。经过短时期的失业，他们将获得持续的福利。同时，引进一种国家的社会救助（或社会福利）制度，提供广泛的社会保障，而不是像现在这样的不完整的地方政策，以增加市民的流动性，使他们更少地依赖非正式的家庭支持。

5. 发展可持续的、有效的社会对话

社会伙伴之间的信任将进一步加强，通过创造机会使他们看到作出变化所带来的好处。同时，在公共机构和社会伙伴之间达成均衡协议，政府应该发挥强有力的导向作用。

在这条路径中，终身学习和积极劳动力市场政策是最重要的，需要花费很长的时间，并需要公共和私人部门的广泛投资；提高社会保障水平，尤其是建立社会救助体系，需要额外的、重新部署公共开支，并要求监督和约束以保证投资的有效性；同时，还要通过重新考虑这些条件，重新设计经济可行的解雇规则。

（二）发展企业内部的灵活保障，提供工作转换的安全

这条典型的路径适合于工作流动性相对低的国家。这条路径的目标是通过增加允许企业对雇员连续流动的投资，增加雇员的工作能力，以更好地适应将来生产方式的变化。这一路径将超出现在的工作和雇主，企业重整和裁员要提供安全的、成功的工作转换。

采取这种路径的国家往往是存在大企业控制的国家，企业为雇员提供更高水平的工作保护；雇员更高的依附于他们的企业，劳动力市场的活力相当低。近些年，这些传统由于企业的调整和外包的频繁发生而发生了一些变化。这些国家的社会保障系统有了很大的发展，存在慷慨的社会福利。雇员面对高福利的刺激去接受一项工作具有很大的挑战性。虽然积极劳动力市场政策有了快速的发展，但是安排并不总是有效，尤其是对于长期失业者。

1. 确保灵活、安全的合同安排

这条路径下的合同安排应满足以下要求：①采取预防性措施，继续投资终身学习，提高工作时间灵活性，安排结合工作和责任；②早期介入，意思是新工作的搜寻不能拖延到雇员已经是多余的，应该在这种情况可能发生的时候立即开始；③联合所有有关的雇主、社会伙伴、公共就业机构、临时工作机构组织转型，防止多余的雇员成为（长期）失业者。如果这些条件满足，解雇的程序将会很轻松，成本、时间的消耗也会很少。

2. 实施积极劳动力市场政策

公共就业机构运用的积极劳动力市场政策将对成功的工作转换有很

大的贡献，应该制订与劳动力市场更相关的政策，按照劳动力市场的需求和求职者个人的特点提供相应的服务计划。此外，公共就业机构将重点关注长期失业。

3. 强化终身学习

企业被强烈的建议根据企业的规模和差异进行终身学习和就业能力方面的投资，为每一位雇员提供个人培训计划和职业生涯规划。这些项目将被看作是就业合同的一部分，构建共同的义务以满足对企业技术的不同需求。采用岗位轮换计划，促使年长的工作者继续进修和提高能力，防止他们过早的退出劳动力市场。同时，强调雇员应当对终身学习的投资负有更多的责任。在这里，中小企业将更有助于建立起有效的人力资本发展政策。

4. 加强社会保障制度

社会保障制度将专注于确保享受福利的条件、有效的监测工作搜寻的努力程度。福利水平虽然一般来说只要足够就行，但在第一次失业期间需要适当增加，以提高劳动者的转换地位。要确保劳动者在企业间流动的福利待遇，如果转换工作期间的福利充足，而且新的、更好的工作是真实存在的，则劳动者更多地倾向于冒工作转换的风险。

5. 发展可持续的、有效的社会对话

在这些国家，虽然社会对话有了很好的发展，社会伙伴之间的信任仍急需加强，特别是在国家层面。只要有可能，各层次都将积极参与谈判。

在这条路径中，优先考虑的是企业进一步发展内部灵活性和工作转换安全性的投资和措施。这些将重新关注早期介入和转换的解雇程序。积极劳动力市场政策将需要更好的投资而不是更多的投资。

（三）处理劳动者技术和机会的缺口

这条典型路径适合于关键挑战是技术和机会存在很大缺口的国家。这条路径的目标是通过对低技术人群提供就业机会，增强工作技能，使其在劳动力市场上获得持续地位。

在这些国家，就业率很高，但并不是所有的人群都能平等的就业。合同安排倾向于充分的灵活性，但很多情况下需要给劳动力市场的弱势群体提供更多的保护。正如劳动力市场一样，技术和机会的缺口会导致部门和车间的分割。特定的人群将被劳动力市场排斥，存在很大的风险，比如妇女、单身母亲、移民、残疾人、青年人和老年人。这将导致永久性的高福利的负担和贫困率的增加。积极劳动力市场政策对工作接受者提供强烈的刺激，但是需要根据工作特性和技术水平进一步发展。通过给低技能者提供从一个专业到不同的其他专业的新机会，以增加社会的灵活性，将会增加整个社会的福利。

1. 确保灵活、安全的合同安排

这条路径下的合同安排虽然可以允许低技能劳动者按照有利于雇主的条件就业，但是，雇主也应该在雇员的技术得到改善的时候，使合同安排更安全，工作关系更稳定。

2. 实施积极劳动力市场政策

实施积极劳动力市场政策必须清楚地区分有充分技术的工作搜寻者和需要增强技术的工作搜寻者。对于第一部分人群，重点是对其工作寻找的支持；对于第二部分人群，重点则在于提供足够的培训，以支持其驾驭工作流动性的能力，而不是帮助他们快速地找到工作。

3. 强化终身学习

终身学习从最初的教育体系将对劳动力的缺口提供机会。对早期的离校生，一般资格水平的毕业生，成人中的文盲等低技术者的劳动力培训被确定为发展目标。在培训系统中，技能训练将和具体的工作相结合；非正规学习将被认可；工作场所内外的不拘形式的各种进入门槛低的，容易通过的语言和计算机培训经常被组织。考虑到雇员的差异和规模，企业将允许所有的雇员接受新技术的训练，发展综合技术。公共机构应该运用税收或其他措施对企业给予的劳动力投资进行激励。同时，也要激发劳动者终身学习的积极性，比如建立个人培训账户，通过这个账户规定劳动者花费的工作时间和资金。

4. 加强社会保障制度

社会保障制度将为低技术者提供福利支持，并监控福利条件，以保障福利相当于工作报酬，如果必要，才可以提供追加的福利。这样，可以避免工作贫困问题的产生，也可以减少低技术者的没有工资的劳动力成本。

5. 发展可持续的、有效的社会对话

在传统的社会对话领域，各主体之间已经相互熟悉，存在着较高的信任度和参与度。社会对话将通过不断引入新的议题而有活力，例如R&D，创新，教育和技术。

在这条路径中，优先考虑的是改善初始教育，但这需要很长的时间。要增强劳动力培训将需要私人投资和公众的支持。增加聘用低技术者有吸引力的、有效的积极劳动力市场政策和社会保障领域的政策将会进一步加强。

（四）为福利接受者和非正规就业劳动者提供机会

这条典型路径适合于近期有大量经济调整经历，导致大量劳动者长期失业，很难重返劳动力市场的国家。这条路径的目标是通过发展有效的积极劳动力市场政策和终身学习制度，结合失业者适当的水平，改善福利接受者机会和从非正规就业向正规就业转变。

在这些国家，企业被迫解雇大量的雇员，非就业雇员获得“劳动力市场退出”福利，而不是“转换新就业”。积极劳动力市场政策的投资有限，重新就业的机会很少。福利行政机构和公共就业机构需要制度的强化以提高有效的积极劳动力市场政策。虽然服务业领域的新经济在发展，但福利接受者很难抓住与新经济发展相联系的就业机会。新工作经常有低水平的保护，一些适合原来工作的措施有很大的局限性。性别差距仍在继续，很多人不得不求助于非正规经济。较弱的行业培训系统给劳动力市场上的低技术者和没有工作经验调整以适应需求的青年带来了很大的困难。

通过为失业者创造新机会和从非正规经济活动向正规经济发展，可以为劳动者和社会带来福利。

1. 确保灵活、安全的合同安排

合同安排将确保很多受雇于固定期限合同和“随叫随到”劳动者受到足够水平的保护。通过提高非正规就业劳动者的权利和提供专业培训，非正规工作将更有吸引力。就业的增加将导致税收收入和社会贡献的增加。非正规就业向正规就业的转换也需要进一步改革劳动税、工商登记，并强化劳动监督和财政制度。开放式合同的劳动者将从他们的训练中受益，以防止受到裁员的威胁。如果这些条件适当，很少需要严格的解雇规则。

2. 实施积极劳动力市场政策

公共就业机构的行政能力将作为工作的重点。这需要根据雇员数量、技术、决策制定过程和工作组织进行改善。福利管理和公共就业服务间的合作将加强，以提供有效的积极劳动力市场政策。积极劳动力市场政策将集中于长期失业者、残疾人和受到解雇威胁的劳动者。它将通过更适合劳动力市场需求的设计方案，对工作搜寻者成功的再就业提供特定的帮助。所有利益相关的公共的、私人的伙伴，如各种层次的公共机构、教育和培训的提供者、社会伙伴、企业、非政府组织和私人就业机构，将促成积极劳动力市场政策的实施。

3. 强化终身学习

终身学习、教育和职业培训体系将在与企业密切合作的情况下发展，并且要适合劳动力市场的需求。刺激企业对终身学习的投资。雇主对其雇员投资的义务是劳资双方代表进行谈判的关键问题。发展终身学习和职业培训需要私人企业和公共机构之间有密切的伙伴关系。职业培训系统需要更好的链接教育资源配置的结果，这样成本效益较高。

4. 加强社会保障制度

关于社会保障制度，失业福利将保持一个适当的水平，保证失业者在没有工作的情况下继续搜寻工作。与此同时，对雇主和雇员的工作刺激和享受福利的条件需要改善。一方面，可以鼓励寻找工作的人，另一方面，鼓励雇主创造新的工作岗位。这样，整合弱势群体进入劳动力市场的条件将更容易。可携带的社会保障资格将被改善，以增加工作的流动性，创造更加动态的劳动力市场。

5. 发展可持续的、有效的社会对话

双边的和多边的社会伙伴之间在部门和地区水平上的对话将进一步加强，对话领域将进一步拓展。例如，通过谈判可以就劳动条件中的关键因素达成一致，包括具体的工作时间。这里，政府要为雇主和雇员在更广泛的领域开展协商创造便利条件，将被社会排斥的群体纳入到对话机制中来，使三方机制在经济发展中作出更大的贡献。

在这条路径中，优先发展的是将非正规就业正规化。公共就业服务将增强，社会保障将得到改善。终身学习的投资需要公共机构和企业的共同努力。在改善积极劳动力市场政策、终身学习和社会保障的同时，重新设计解雇程序。

第三节　劳动力市场灵活保障模式

一、模式的概念

模式一词的涉及范围很广泛，常见的有生存模式、发展模式等。参考《现代汉语词典》的解释，模式是指某种事物的标准形式或可以使他人仿照做的标准样式。模式具有普遍适用性、典型代表性、效率性、可接受性和可效仿性等特点。具体来说，模式能充分体现某类事物的共性，揭示某类事物的本质，并且不易受国家或地区的个别因素的影响，可以普遍的、容易的组织实施，同时又能够通过“以点带面”达到良好的效果。

本书中的模式是指，把能够解决某类问题，并在实践中行之有效的方法上升到理论高度，以使别人仿效的标准样式。

二、欧盟劳动力市场灵活保障模式界定

模式的概念具体到劳动力市场灵活保障模式，是指将通过劳动力市场灵活性和保障性平衡，在实践中创造“就业奇迹”的具体做法上升到理论高度，并能使其他国家或地区仿效，以缓解失业问题的标准样式。

不同学者对欧盟劳动力市场灵活保障模式有不同的划分方法：

Muffels and Luijkx（2005）将劳动力市场灵活保障模式分为四种：（1）北欧模式（丹麦、瑞典、芬兰和荷兰）；（2）盎格鲁—撒克逊模式（英国、爱尔兰）；（3）南欧模式（希腊、意大利、葡萄牙和西班牙）；（4）大陆模式（法国、德国、奥地利和比利时）。

Daniela Pasnicu（2008）将劳动力市场灵活保障模式分为五种：（1）地中海模式（西班牙、葡萄牙和希腊）；（2）大陆模式（法国、德国、比利时和奥地利）；（3）盎格鲁—撒克逊模式（爱尔兰、英国）；（4）北欧模式（丹麦、芬兰、瑞典和荷兰）；（5）东欧模式（波兰、匈牙利、捷克共和国、斯洛伐克、保加利亚、立陶宛等）。

Alfons Garcia（2009）将劳动力市场灵活保障模式分为四种：（1）北欧模式（丹麦、瑞典、芬兰和荷兰）；（2）盎格鲁—撒克逊模式（英国、爱尔兰）；（3）大陆模式（法国、德国、奥地利、比利时和卢森堡）；（4）地中海模式（希腊、意大利、葡萄牙和西班牙）。

综合分析，本书将欧盟劳动力市场灵活保障模式分为四种，即北欧模式、盎格鲁—撒克逊模式、大陆模式和地中海模式。本书的研究对象仅限于北欧模式的丹麦、荷兰、瑞典和芬兰；盎格鲁—撒克逊模式的英国、爱尔兰；地中海模式的希腊、意大利、葡萄牙、西班牙；大陆模式的法国、奥地利、德国、比利时，共 14 个国家。

第三章　欧盟劳动力市场灵活保障模式的理论基础

欧盟劳动力市场灵活保障模式是通过研究劳动力市场灵活性和保障性的平衡来缓解失业问题的。所以，其理论基础既包括失业理论，又包括劳动力市场理论，以及其他一些相关理论。根据本书研究的需要，逐一简要介绍主要理论如下。

第一节　失业理论

一、古典失业理论

古典经济学是凯恩斯理论出现以前的经济思想主流学派，由亚当·斯密在1776年开创。它产生于18世纪中叶（1776年），完成于19世纪（1871年）。在英国由威廉·配第开始，到大卫·李嘉图结束；在法国从不阿吉尔贝尔开始，到西斯蒙第结束。古典经济学的主要信条是“经济自由主义”，认为在市场经济条件下，价格能够实现资源的最优配置和充分利用，任何政府的干预都是多余的，其理由为“萨伊定律”。萨伊定律的基本思想，是供给能自动地创造出自己的需求。因为在古典经济学家眼里，市场经济表面上看是商品—货币经济，实际上则是商品—商品经济，在商品交换中货币只不过起交换媒介的作用。商品的供给一定等于生产者的收入，而生产者的收入又必定等于其支出，货币支出必定形成对商品的需求。这样，商品的供给就创造出自己的需求。另外，古典经济学认为总供给曲线会一直垂直于充分就业的产出水平，并且认为价格水平的变动在长期来看是灵活的，最终总能够随着总供给和总需求的作用作出调整。因此，经济自发运行一定会在充分就业的情况下实现均衡，即便出现生产过剩，也只是短期的现象，价格的调整总会使供求相等，不需要政府进行干预。

古典经济学垂直于充分就业产出水平的总供给曲线是以其劳动力市场的基本观点为基础的。古典经济学认为，劳动力的需求和供给都是实际工资率的函数，劳动力供给是实际工资率的增函数，劳动力需求是实际工资率的减函数，而实际工资率和就业量则在劳动力供求相等时形成。其最主要的观点是，实际工资能够随着劳动力供求的变化灵活的作出调整，即实际工资若高于劳动力供求相等时的工资，实际工资很快就会下降；实际工资若低于劳动力供求相等时的工资，实际工资很快就会上升。因此，就业量会永远处于均衡就业，即充分就业水平，而不会存在失业。这样才会导出一条垂直于充分就业产出水平的总供给曲线。

也就是说，在古典经济学家眼里不会存在由于劳动力市场上对劳动力的需求不足而产生的失业。他们认为，只可能存在自愿失业、结构性失业和摩擦性失业。其中，自愿失业，是指因为劳动者不满足于现行的工资水平而主动放弃其工作机会而导致的失业。结构性失业，是指劳动力供给结构与需求结构不匹配而导致的失业。摩擦性失业，是指劳动力市场上信息不完全、劳动力流动不充分而导致的失业。在劳动力市场信息不完全的情况下，求职者不能全面掌握空缺岗位信息，同样，劳动力的需求方也不能准确知道自己需要的劳动供给情况，这样即使劳动力的供求是平衡的，也会导致失业者和空缺岗位并存的现象。而当劳动力流动的不充分时，即便劳动力的供求双方准确地掌握了雇佣和求职状况，也会使得失业者不能填补到空缺岗位上。

二、凯恩斯失业理论

在凯恩斯主义诞生之前，资本主义世界就像古典经济学所说的那样，经济在自由放任的环境下一直运行良好。但是，1929—1933 年的经济危机，生产能力急剧下降，失业人数迅猛增长。西方主要资本主义国家的失业率基本都超过了 20%，美国（1933）的失业率高达 24.9%①。这从根本上动摇了古典经济学中能够自发实现充分就业状态下均衡思想的统治地位。在这种背景下，尤其是凯恩斯《就业、利息和货币通论》（1936）的发表，从理论上根本否定了古典经济学的基本观点。正是以这本书为基础，在其他经济学家的不断完善、修改和补充下，形成了凯恩斯主义。

凯恩斯认为，如果让经济自发运行，经济在充分就业下实现均衡仅仅是极其偶然的情况，在低于充分就业的每一个产量水平上都有可能是均衡的。而由于存在有效需求的不足，经济更多的是在低于充分就业的产量水平上达到均衡。在这里，有效需求，是指预期可给企业带来最大收益的社会总需求，也就是与社会总供给相等时的社会总需求②。凯恩斯指出，之所以有效需求会经常的低于充分就业时的总供给，是因为存在边际消费倾向递减规律、资本边际效率递减规律和流动性偏好规律。边际消费倾向递减规律，是指在人们可支配收入增加的情况下，增加的可支配收入中用于增加消费的那部分所占的比例，即边际消费倾向越来越小。边际消费倾向递减规律就造成随着产出的增加，消费需求的增长赶不上产出的增长速度，而消费需求是总需求的一部分，因而会引起总需求不足。资本边际效率是一种贴现率或折扣率，这种贴现率或折扣率正好使一项资本品在使用期限内各预期收益的现值等于这项资本品的成本或供给价格，它随着投资的增加递减，这个规律被称为资本边际效率递减规律。凯恩斯认为，有效

---

① 王传荣：《经济全球化进程中的就业研究》，博士学位论文，西南财经大学，2005 年，第 12 页。

② 王传荣：《经济全球化进程中的就业研究》，博士学位论文，西南财经大学，2005 年，第 12 页。

需求中的投资需求取决于利息率和资本边际效率递减规律的比较，当资本边际效率比利息率高的时候，厂商就会投资。然而，由于资本边际效率随着投资的增加递减，而由于流动性偏好陷阱的存在，利率的降低又是有限度的，所以最终会导致投资的停止，这也会造成有效需求的不足。此外，凯恩斯的总供给曲线也不总是垂直于充分就业的产量水平上，短期总供给曲线在低于充分就业的产量水平上是水平的。由于存在这样的总供给曲线，当总需求不足以支撑充分就业的产量时，经济就在低于充分就业的某个产量水平上达到均衡，产品市场的这个状态就会导致劳动力市场上劳动力需求小于劳动力供给。因此，凯恩斯主义认为，经济的自发运行并不总是能实现充分就业，经济中存在着由于经济对劳动力需求不足所导致的失业，即凯恩斯所称的非自愿性失业。

三、新古典综合派失业理论

（一）菲利普斯曲线

按照凯恩斯低于充分就业时水平的总供给曲线，失业是不可能与通货膨胀并存的。但是，西方国家在二十世纪六七十年代普遍出现了失业和通货膨胀并存的“滞胀”现象，对于此，凯恩斯主义无能为力，使其遭遇到巨大的挑战。1958 年，菲利普斯通过对英国 1867—1957 年间失业率和货币变动增长率统计资料的研究发现：当失业率较高时，货币工资增长率较低；反之，当失业率较低时，货币工资增长率则较高，失业率和货币工资变动率之间存在反向交替关系。这条反映失业率和货币工资变动率反向变动关系的曲线，被命名为菲利普斯曲线。此后，经济学家对此进行了大量的理论解释，尤其是萨缪尔森和索洛，将原来反映失业率与货币工资率之间反向关系的菲利普斯曲线发展成反映失业率与通货膨胀率之间反向关系的曲线。他们的改造基于以下劳动生产率、货币工资增长率和通货膨胀率的关系，即通货膨胀率等于货币工资增长率减去劳动生产率。在劳动生产率不变时，通货膨胀率与货币工资增长率呈同方向变化，因此，推导出通货膨胀率与失业率之间也存在反向交替关系。

凯恩斯认为，当经济没有实现充分就业时，只需刺激总需求就能降低失业率，使经济实现充分就业，并且不会引起通货膨胀。而菲利普斯曲线表明，政府的宏观调控不可能实现较低的失业率和较低的通货膨胀率同时存在。这让政府采取需求管理政策治理失业问题时陷入两难境地。这样，政府只能将失业率和通货膨胀率这个组合控制在社会可接受的范围内，当失业率超出社会可接受的范围时，就采用刺激总需求的政策降低失业率，并允许通货膨胀率适当上升；当通货膨胀率超出社会可接受的范围时，就采用抑制总需求的政策降低通货膨胀率，同时允许失业率适当上升。但是，菲利普斯曲线本身终归没有提出解决失业和通货膨胀的对策。

（二）结构性失业理论

二十世纪七八十年代，在世界石油危机的两次冲击之下，西方主要资本主义国家出现了经济停滞、高失业率和高通货膨胀并存的“滞胀”现象，引起了对凯恩斯总需求理论的批判。其中，以萨缪尔森为代表的新古典综合派经济学家，提出了结构性失业问题，从劳动力市场上劳动力供给结构和需求结构不匹配的角度，而不是从总需求与总供给的角度寻找失业的原因，认为经济结构变化是引起“滞胀”的根本原因。在这里，结构性失业，是指在经济结构变化引起劳动力需求结构变化的同时，劳动力供给结构存在时滞所产生的失业。伴随着经济的快速增长，产业结构的剧烈变化会降低对某种技能劳动力的需求，同时会增加对另外一种技能劳动力的需求。但是，劳动力供给结构的调整要永远滞后于需求结构的变动，由此便产生了失业。可见，结构性失业不论是在经济高涨时期，还是在经济萧条时期都是客观存在的。

四、货币学派、供给学派和理性预期学派失业理论

货币学派诞生于20世纪50年代，它反对凯恩斯主义政府干预经济

的思想。20 世纪 70 年代，长期按照凯恩斯主义采取扩张性经济政策刺激经济的西方资本主义国家并未像预期的那样实现低通货膨胀、充分就业的经济增长，反而出现经济增长缓慢，财政赤字攀升，失业率、通货膨胀率增长的现象。在这种背景下，货币主义开始大行其道。货币主义认为，经济能够自动实现充分就业，不会存在凯恩斯所说的周期性失业，即便有失业，也是岗位空缺和失业人数相等的自然失业。因此，失业不需要政府进行干预，政府的干预只会带来通货膨胀，完全可以交给市场自己解决。

供给学派和理性预期学派关于失业的基本观点与货币学派类似，不再赘述。

五、新凯恩斯学派失业理论

（一）工资粘性理论

二十世纪七八十年代，西方资本主义国家又面临经济衰退、失业和通货膨胀并存的问题，使得货币学派、供给学派和理性预期学派由市场自发运行、政府尽可能减少干预的政策主张受到挑战。在这种背景下，产生了新凯恩斯主义。新凯恩斯主义继承了凯恩斯主义的基本观点，认为经济在低于充分就业的水平上处于均衡是经常状态，也会存在周期性失业，并且用价格和工资的粘性来解释非充分就业的原因。关于价格和工资的粘性，凯恩斯在解释非充分就业时就已经提到过，但是，他们都是在制度上或历史方面寻找原因①。而新凯恩斯主义，则借鉴了新古典主义的思想，从消费者效用最大化和厂商利润最大化的行为上解释，强调其微观基础。新凯恩斯主义关于工资粘性的理论主要有隐性合同理论、效率工资理论和内部人—外部人理论。

1. 隐性合同理论。这种理论认为，工资粘性存在的原因是在雇主和雇员之间存在的一种非正式合同，而这种非正式合同是由许多企业和劳动者

① 方福前：《当代西方经济学主要流派》，中国人民大学出版社 2004 年版，第 121 页。

之间长期的默契形成的。这种理论认为，劳动者是风险厌恶者。风险厌恶者，是指期望值效用要大于效用期望值的人。也就是说，与其让工资随着经济周期上下波动，劳动者宁愿接受一个稳定的工资水平。而企业是风险中立者，因此企业也会接受劳动者将工资维持在某个水平的要求。这样，由于经济的衰退和萧条导致劳动力需求小于劳动力供给时，工资也不会下降。

2. 效率工资理论。效率工资是一种足以消除雇员偷懒或调动雇员积极性的工资水平[①]，它一般要高于均衡工资水平。效率工资理论认为，劳动效率在不同的劳动者之间是存在差异的，即便是同一个劳动者努力程度相同，劳动效率也不同；劳动者都有偷懒的倾向，在激励和约束机制不完善的情况下，劳动者就会偷懒；而在劳动者的努力程度上，雇主和劳动者本人之间存在着信息不对称，造成监督劳动者努力程度的成本非常高。这样，如果雇主能够向雇员支付更高的工资，改善雇员的饮食、医疗等状况，就会刺激雇员努力工作，提高雇员潜在的劳动效率。另外，雇主给雇员以高工资还可以增加其跳槽的成本，激励雇员继续留下来，减少其跳槽的情况。降低了雇员跳槽的频率，企业就能节省搜寻和培训新雇员的成本，从而提高企业的生产率。并且，如果雇员频繁的跳槽，会导致最终留在企业的是那些素质较低、没多少选择机会的劳动者，这样也会导致企业劳动生产率的下降。总之，效率工资理论认为，较高的工资能够提高雇员的劳动生产率，从而增加企业的利润。这样，企业会情愿将工资定在高于均衡工资的某个水平上，造成即便劳动力供给大于需求，工资也不会下降。

3. 内部人—外部人理论。这里的内部人是指目前某企业在职的雇员或暂时被解雇，但与在职雇员同属某一个利益集团的人，如企业或行业工会。外部人是那些想到该企业工作的人。内部人—外部人理论认为，企业在雇佣劳动者后都需要对其进行培训，都要支付一定的成本；并且，由于外部人是内部人的竞争者，所以内部人在对企业新雇佣的雇员的培训上会拒绝跟企业合作，造成企业新雇佣的雇员劳动生产率提高缓慢。此外，经

① 方福前：《当代西方经济学主要流派》，中国人民大学出版社 2004 年版，第 215 页。

过企业培训后的熟练雇员也有可能被其他企业用较高的工资挖走。这种熟练雇员跳槽的潜在威胁也使得企业不愿意支付较低的工资雇佣外部人，而宁愿对内部人支付较高的工资。这样，内部人就具有了一定程度的把自己的工资控制在较高水平上的能力，导致当劳动力供给大于劳动力需求时工资也不会下降。

（二）失业回滞理论

失业回滞理论认为自然失业率要受到前期实际失业率的影响，它并不是一成不变的。这种理论认为存在失业自相关机制，失业率的上升会导致总需求下降，总需求下降又进而促使失业率进一步上升，使自然失业率经常会靠拢前期的实际失业率。总之，这种理论认为，失业既取决于当前的各种因素，又取决于前期的实际失业率；自然失业率既取决于弗里德曼定义下的当前劳动力市场和商品市场，又取决于前期均衡市场，即实际失业率①。

早在 1972 年，费尔普斯最初将前期实际失业率影响本期自然失业率的传导机制引入到失业中，并提出了“工会制度”与“干中学”的具体传导机制。随后，布兰查德和萨默斯（1986）在《回滞和欧洲的失业问题》一文，归纳了失业回滞的三个传导机制，即物质资本、人力资本和内部人—外部人模型。此外，莱亚德、克罗斯等人发现，高失业率会使更多的劳动者失去工作，尤其是长期失业，会容易增加长期失业者的数量。

第二节　劳动力市场理论

一、劳动力市场分割理论

劳动力市场分割理论最早起源可以追溯到约翰·穆勒和凯恩斯，正

① 袁东明：《西方失业回滞理论研究》，博士学位论文，北京大学，2003 年，第 49 页。

式发端于20世纪60年代的美国。劳动力市场分割理论主要针对新古典经济理论中难以说明的一些问题作出了解释，如收入不平等、歧视现象和人力资本投资。其中，以彼得·多林格（P. Doringer）和迈克尔·皮奥里（M. Piore）在1971年发表的《内部劳动力市场和人力政策》一文为标志的二元劳动力市场理论，是最典型的劳动力市场分割理论形式，也被称为第一代分割理论。后来，还有第二代的激进分割理论和第三代的现代分割理论，以及“中心—边缘”二元结构的新发展①。

劳动力市场分割理论将劳动力市场分成一级劳动力市场（或主要劳动力市场、正规就业部门）和二级劳动力市场（或次要劳动力市场、非正规就业部门）。一级劳动力市场工资高，工作条件好，工作岗位有保障，培训升迁的机会多，雇员构成企业核心群体；二级劳动力市场工资低，工作条件差，就业基本没有保障，更没有培训升迁的机会，雇员构成企业边缘群体。而边缘群体又可以分成两个子群体，一个是工作相对稳定、有一定技能的全日制群体，另一个是工作不稳定、技能相对缺乏的非全日制、不定期合同、临时合同群体。具体劳动力市场结构，如图3－1。

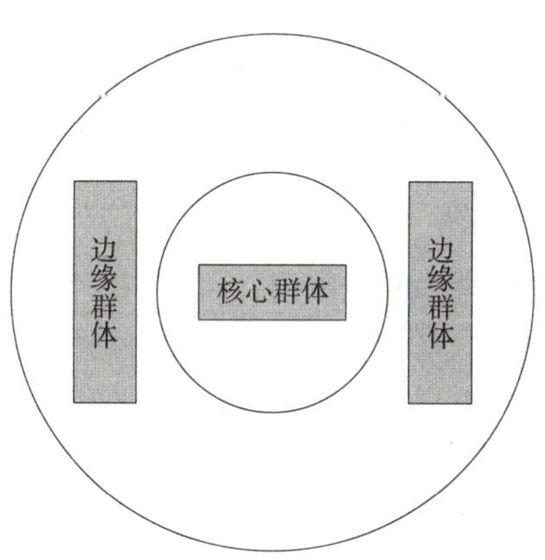

图3－1　劳动力市场结构

① 杨波：《我国大城市劳动力市场分割理论与实践——以上海为例》，博士学位论文，华东师范大学，2008年，第65页。

一级劳动力市场雇员的工资通常是由雇主和工会代表谈判达成的协议决定，而不是由其边际生产力决定。一般来讲，由于解雇和监督雇员都需要付出成本，一级劳动力市场雇员能得到比竞争性市场还高的工资。一级劳动力市场的就业相对稳定，一旦失业，他们宁愿等待重新就业，也不愿意到二级劳动力市场寻找工作。所以，一级劳动力市场存在自愿性失业和结构性失业。二级劳动力市场雇员的工资通常是按其劳动的边际贡献和市场工资支付的，受供求关系的影响较大。二级劳动力市场的就业相对不稳定，尽管劳动者努力通过教育等人力资本投资提升自己，但仍然很难进入一级劳动力市场。所以，二级劳动力市场的流动性很强，存在大量摩擦性失业。

各个国家都存在不同程度的劳动力市场分割，具体来讲，劳动力市场分割表现为城乡、区域、行业，以及不同所有制劳动力市场分割。劳动力市场分割会强化就业不平等现象，拉大劳动者之间的收入差距，产生边缘就业群体，需要引起国家的高度重视。

二、劳动力市场歧视理论

从经济学角度研究歧视现象，最早起源于加里·贝克尔在1957年发表的《歧视经济学》一文。早期对于歧视的研究主要集中在不同群体之间收入的不平等，性别歧视和种族歧视。目前有关劳动力市场歧视理论还没有统一，而且歧视涉及的范围也很广。所以，本书只讨论几个比较成型、有代表性的理论。

（一）个人偏见歧视理论

这种理论一般都假设雇主、雇员或者消费者存在一种偏好，也就是说他们偏向于不与某些特定人群打交道。这种理论又包括了雇主歧视、雇员歧视和消费者歧视三个方面。

雇主歧视：雇主对某些特定人群有偏见，即使他们具有与其他人相同的劳动生产率，雇主也不愿雇用他们，而宁愿支付较高的工资雇用其他人。追求企业价值最大化的雇主不应该有这种歧视。雇员歧视：雇员对某一类雇员有偏见，不愿意或拒绝与他们在相同或相似的岗位工作。而非歧视性雇主必须支付更高的工资以留住有偏见的雇员。消费者歧视：消费者对提供服务的雇员有偏见，不愿意接受特定人群提供的服务，宁愿有更高的消费。这种歧视主要发生在与消费者有更高接触的职业中。

（二）统计性歧视理论

统计性歧视是将一个群体的典型特征看做是这个群体中每个人都具有的特征，并以典型特征作为雇佣标准而产生的歧视①。统计性歧视的根源是信息的不完全或为获取信息所支付的成本太高。在总体特征中个体差异较大的情况下，统计性歧视的代价很高；但与雇主追求企业价值最大化的目标一致，这种歧视将会长期存在。

（三）非竞争性歧视理论

非竞争性歧视理论假设企业不再是工资的接受者，他们可以影响工资率，劳动力也不再是匀质的，存在各种差异。这种歧视产生的原因更复杂，但根源还在于企业的垄断。

排挤理论：通过把特定的群体限定在特定的职业领域，造成该领域的劳动力过剩，进而受到排挤，产生歧视。通过立法或其他方式，消除壁垒，增强劳动力的流动性，可以消除这种歧视。双重劳动力市场歧视理论：主要是针对前文所说的二级劳动力市场受到的歧视。这种歧视导致这些群体在二级劳动力市场上更加频繁地进出，加大其工作的不稳定性。搜寻成本歧视理论：市场上存在有歧视偏好和没有歧视偏好的雇主，但由于信息不完全，求职者不能掌握雇主的全部情况，只要遇到有歧视偏好的雇主，就不得不增加搜寻成本。此外，还有雇主彼此联合起来，对某种劳动

① 杨河清：《劳动经济学》，中国人民大学出版社2006年版，第355页。

力进行压制使其不得不接受买方垄断工资的串谋行为①。

总之，劳动力市场歧视是由于非竞争性因素存在，或劳动力市场向竞争性状态调整的速度太慢造成的。尽管其中的一种理论还不能取代其他理论，但消除劳动力市场歧视必须要有政府力量的干预。可以通过成立保护公平就业的机构，制定反就业歧视的法律及相关政策，有针对性的消除劳动力市场歧视。

三、劳动力市场搜寻理论

搜寻理论是在市场信息不完全的情况下，通过一定的假定条件，描述人们怎样采用理性的决策法则，推断出合乎逻辑的结果。将搜寻理论应用在劳动力市场上，研究劳动者的求职行为时，则被称为劳动力市场搜寻理论，即工作搜寻理论。

工作搜寻理论最早起源于1965年的麦考尔（McCal）。他认为失业者在连续的搜寻过程中，会在考虑搜寻成本和获得工作机会的基础上，确定一个自己愿意接受的最低工资，即保底工资。只要他能找到一个大于等于最低工资的工作，即接受工作，停止搜寻；否则，继续搜寻。

费尔普斯（Phelps）认为，失业者在搜寻活动中逐渐地掌握了工资的分布，当边际收益与边际成本相等时，停止搜寻；否则，只要其边际收益大于边际成本，就会继续搜寻。霍夫曼等（Saul D. Hoffman）认为，在搜寻成本非常低或接近零时，失业者会接受一个工资效用高于闲暇的工作，同时继续搜寻更好的工作；但在搜寻成本很高时，失业者会在一系列的搜寻中，接受一个工资水平高于保底工资的工作，结束搜寻活动。自20世纪80年代，由Burdet，Jovanovic以及Mortensen等构建的静态局部均衡模型，进一步拓展了工作搜寻理论的研究范围，并且解释了劳动力自愿流动的原因。

① 曾湘泉：《劳动经济学》，复旦大学出版社2003年版，第230—236页。

总之，由于劳动力市场信息的不完全，失业者在工作搜寻中存在的摩擦，会延长其搜寻工作的时间，进而增加工作搜寻的成本，在很大程度上造成摩擦性失业。因此，劳动力市场服务机构应该充分发挥作用，掌握更多的市场信息，以减少失业者的搜寻成本，减少摩擦性失业。

第三节　其他相关理论

除了上述失业理论和劳动力市场理论以外，劳动力市场灵活保障模式还要依据更多的其他相关理论，主要有劳动力流动理论、人力资本理论、工会理论、劳动合同理论和政府干预理论。

一、劳动力流动理论

劳动力流动是指劳动者在不同地域、不同行业、不同职业之间的迁移和流动。最早在19世纪末，雷文斯坦对人口的迁移和流动进行了研究，英国经济学家希克斯在1932年指出工资差异是劳动力迁移的首要原因，美国经济学家舒尔茨把迁移视为一种能带来某种经济收益的投资行为。

劳动力流动可能会给雇主、雇员以及整个经济带来负面影响，但总体来讲是有利的。劳动力流动有利于建立统一的劳动力市场，有利于优化劳动力市场资源配置，有利于提高劳动力素质，实现国家经济的增长。但是，劳动力合理、有效的流动，需要具备一定的前提条件。因此，需要完善《劳动法》及其相关的社会配套措施，健全覆盖面广泛、不受户籍限制的社会保障制度，并加快户籍制度、人事档案制度的改革。

二、人力资本理论

18世纪，亚当·斯密的《国富论》认为，国民后天获得的技术和才能属于人力资本。后来，德国的李斯特在《政治经济学的国民体系》里，对精神资本的重要性进行了精彩阐述。二十世纪五六十年代以来，人力资本理论迅速发展。1960年舒尔茨的《人力资本投资》，贝加尔的《人力资本》和明塞尔的《人力资本投资与个人收入分配》从不同的角度对人力资本进行研究，奠定了当代人力资本理论基础。

人力资本投资体现在各级正规教育、各种职业培训、健康与保健以及迁移与流动等方面。人力资本理论把劳动力的质量纳入资本范畴，重新证明了专业性的高技术人才对经济发展的重要作用，并促进了国家、社会、家庭对教育投入的重视，为人力资本的形成奠定了基础。

三、工会理论

工会是职工自愿结合的劳动者阶层的群众组织，可以就工资福利、工作条件、加班、晋升和解雇等方面的政策和发生劳动争议时的解决办法进行谈判。工会最基本的职能是维护职工的合法权益不受侵害，其次还有参与国家和社会事务管理，教育职工不断提高职业素质的功能。工会职能的发挥需要法律的约束，以及工会力量的壮大。

至于工会的作用，褒贬不一。由于工会密度[①]不同，存在着工会部门和非工会部门，工会对就业、收入分配、福利水平等都有着不同程度的影响。但总体来讲，通过工会组织可以提供一条与雇主组织对话的路径，并通过不断地发展壮大，提高职工的谈判地位，维护劳动者的权益。

四、劳动合同理论

劳动合同是劳动者与用人单位在建立劳动关系时所签订的书面协议。劳动合同是劳动关系的核心，合同约定了劳动合同期限、工作内容、工作

① 工会密度指工会会员占全部就业人数的比例。

时间、劳动报酬、劳动保护等内容，双方必须严格遵守。按照合同期限，世界各国的劳动合同都分为无固定期限劳动合同和固定期限劳动合同。

无固定期限劳动合同是指，用人单位与劳动者签订的没有确定终止时间的劳动合同；而固定期限劳动合同是指，用人单位与劳动者签订的有确定终止时间的劳动合同。无固定期限劳动合同是一般合同，合同双方都有选择劳动合同是否存续的权利，有利于公平和就业稳定；而固定期限劳动合同是特殊合同，劳动者一般处于被动地位，通常需要严格的法律来限制用人单位滥用劳动合同，以保护劳动者权益。

五、政府干预理论

政府干预和自由市场是贯穿西方经济学理论研究始终的永恒话题，至今存在新古典经济学和新凯恩斯主义经济学两个学派。新古典经济学派坚持认为政府是无效的，新凯恩斯主义经济学派则坚信政府干预是必须的。凯恩斯政府干预理论强调，仅仅依靠市场机制的自发调节，不足以提高就业水平，必须由政府来弥补市场缺陷。

一般理论认为，由于存在市场失灵，所以需要政府干预。在不完全竞争的劳动力市场上，同样存在着垄断性失灵、信息不完全性失灵、公共产品外部性失灵，需要政府积极介入。在劳动力市场上，雇佣双方信息不对称，雇主垄断着足够的信息，雇员处于弱势地位；而为雇员提供职业指导、职业介绍、职业培训的服务属于公共产品，具有外部性，不太可能由私人机构提供，因此需要政府加大投资力度，发展公共就业服务。

同时，劳资关系是现代社会中最主要的一种社会关系，其和谐程度直接影响到整个经济社会的和谐程度。劳资双方的对立、冲突，必须由政府充当均衡的第三方力量进行干预，以构建和谐的劳资关系。

第四章　欧盟劳动力市场灵活保障模式的历史演进

20 世纪 90 年代，欧盟推行的劳动力市场灵活保障模式是在一定的历史背景下形成的，而且各个国家的具体形成基础各不相同。同时，欧盟劳动力市场灵活保障模式历经先行实践、逐步发展，成熟完善和应对挑战阶段。所以，根据本书研究的需要，本章介绍欧盟劳动力市场灵活保障模式的形成背景、形成基础和发展历程。

第一节　欧盟劳动力市场灵活保障模式的形成背景

一、经济全球化、欧盟一体化的迅速发展

经济的全球化意味着劳动力市场的国际化，导致企业的工作组织方式发生了变化，尤其在企业的外部，各种灵活就业形式，如外包就业、派遣就业、自营就业等形式，得到了飞速的发展。企业中只有一小部分是属于核心、稳定的正式雇员；大部分属于边缘、附属的临时雇员。世界范围内的国际竞争加剧，资本流向劳动力成本较低的国家，高劳动力成本的工作岗位流向劳动力成本较低的国家。与此同时，欧盟一体化进程加快，成员国独立运用行政、财政、货币等手段干预国家经济和维持就业的能力下降，失业问题严重。

理论上讲，经济全球化、欧盟一体化可以在更大范围内优化资源配置，对经济增长和实现就业都是有利的。但前提是，所有企业和雇员都要迅速地作出反应。为了达到里斯本创造更多更好工作的目标，个人、企业、欧盟成员国都需要一个有更灵活的劳动力市场和与之相对应的安全性的灵活保障新形式。个人越来越多的需要就业安全，而不是工作安全，很少人一生做同样的工作。企业，尤其是中小企业，要适应经济条件下劳动力的变化，招募有更高技能、更好生产能力和适应性的雇员，以更好地创新和竞争。外包的出现，影响到一国劳动力市场功能的发挥，并引发了一系列劳动关系非安全问题。

二、高新技术的快速发展

高新技术，尤其是信息和通信科技的快速发展，将对劳动者的就业产生全方位的影响。在强大的竞争压力下，企业为了提高劳动生产率和降低生产成本，谋求生存与发展，都采用了高新技术的发展战略。高新技术产业的快速发展，虽然能够创造一些就业岗位，但远远不能弥补其对传统部门的冲击而减少的就业岗位。一方面，由于技术的创新与产品更新换代的加速，企业的寿命期限逐渐缩短，劳动力的流动性不断增强，致使就业的稳定性明显下降；另一方面，高新技术，尤其是信息和通信科技的快速发展，直接缩减了企业对劳动力的需求，尤其是对那些没有技术和技术落后劳动力的需求，造成普遍性失业。

高新技术的快速发展，带来持续的高失业率，政府不仅在失业津贴、失业救济、失业培训等方面的支出大大增加，不堪重负；而且不利于社会的和谐稳定，使整个社会的人力与资本受到侵蚀。因此，欧盟各国政府都非常重视失业问题的解决。

三、欧洲经济和社会目标相互关系的发展

在1957年的《罗马条约》（the Treaty of Rome）以后，欧洲就试图通过各种途径协调经济和社会目标之间的关系。Goetschy（2007）将欧洲社会的发展历史分成三个阶段：第一个阶段重点是经济政策，主要是劳动力市场的整合、劳动力流动和公平竞争，而社会政策则处于次要的位置，社会政策是边缘的，它要服务于经济目标；第二阶段开始于1992年的马斯特里赫特条约（the Maastricht Treaty），社会政策有了回旋的余地，然而，它仍然被看作是实现经济整合的手段。但条约提出的微观、宏观经济和社会的共同发展，使集体谈判成为可能；第三阶段开始于1997年的阿姆斯特丹条约（the Amsterdam Treaty），并且具体实施于欧洲就业战略（European Employment Strategy，EES），EES还实施新的协调机制称为开放协调法（the Open Method of Coordination，OMC），具体整合社会、经济目标，提出把就业和社会政策或多或少地与经济政策放在同等重要的位置。

为了使经济和社会政策得到更进一步的整合，2006年开始盛行灵活保障概念。但是否由此发展到第四阶段，把社会与经济目标放在同等重要的位置，还有待进一步研究。

四、劳动力市场灵活化改革带来了一系列新问题

（一）劳动者权益遭到破坏

到20世纪70年代中期，欧盟成员国主要依靠集体谈判来调整劳资关系，通过在起主导作用的政府和地位平等的劳资双方之间形成的三方合作机制，有效地保护了劳动者的合法权益。但随着劳动力市场的灵活化改革，政府对劳动力市场的干预越来越少，工会组织的力量也日益削弱，以致集体谈判处于一种分散化和低层次化的水平。三方合作机制从此遭到了严重打击，劳动者的权益不断遭到破坏。

由于放松管制的实行，就业保护、工会保护的减少及集体谈判覆盖面的缩小，雇主可以更容易地雇佣和解雇，雇主甚至还可以自主地制定工资。这样可以在短时期内提高企业的利润，但从长期来讲不利于就业和劳动生产力的提高，不利于维护劳动者的权益。

（二）收入差距扩大

在经济学中，收入不平等可以用不同收入阶层的家庭收入在全部的家庭收入中所占的比重予以说明。收入差距扩大的直接原因是最高收入阶层的家庭收入增长相对快于最低收入阶层的家庭收入增长。当然，造成贫富差距扩大的原因有很多，但劳动力市场灵活化改革必然是其中的一个重要原因。

（三）工作贫困增加

大卫·史普勒（David K. Shipler，2004）指出，“工作贫困”是指，雇员每天都在努力地工作，但是其收入水平却很低，仍然处于一种贫困状态。劳动力市场的灵活化改革，使非全日制就业发展十分迅速，新增加的工作岗位中大多数是非全日制工作。而通常情况下，非全日制工作者的收入都明显的低于全日制工作者的工资收入。

（四）社会排斥加剧

劳动力市场灵活化改革给发达国家的“就业奇迹”蒙上了一层阴影，同时也给经济转型国家和发展中国家的劳动就业带来了一场灾难①。大规模失业的加剧，使更多的雇员不能进入稳定的、核心的劳动力市场，而是被排斥在了劳动力市场的边缘，甚至是外部。这些劳动者不仅在经济、社会、政治关系上，而且在心理、文化上都受到了沉重的打击（Berghman，

---

① 孔德威、王伟：《西方国家劳动力市场的灵活化改革》，《河北大学学报（哲学社会科学版）》2005 年第 2 期。

1995)，并加剧了社会排斥，形成恶性循环。

第二节 欧盟劳动力市场灵活保障模式的形成基础

任何一个国家劳动力市场灵活保障模式都各不相同，都有其各自的形成基础，并根源于其特定的历史条件。比如，荷兰地处洼地，荷兰人长期与大海斗争形成的相互宽容、遇事相互协商的历史文化就与其劳动力市场灵活保障模式息息相关。丹麦数量灵活性、社会保障和就业保障的结合，也是在悠久的历史、长期的制度演化，以及在多个不同政策领域社会妥协的产物，并不是一个精心设计的和深思熟虑的产物。以丹麦为例，劳动力市场灵活保障模式的形成基础主要有以下几个方面。

一、中小企业结构特点

按照欧盟规定，雇员人数在250人以下，并且年产值不超过4000万欧元的企业为中小企业。与大型企业相比，中小企业具有规模小、成本低、反应灵敏、机制灵活、吸纳就业能力强等特点。世界各国的中小企业都发挥着重要的作用，尤其是在经济不景气的时候。丹麦灵活的劳动力市场形成的高工作流动性，即外部数量灵活性，主要是基于其以中小企业为主要特点的产业结构。这样，在中小企业之间，就很容易形成一个灵活的内部劳动力市场。

二、长期自由主义传统

低的工作保护根源于丹麦福利国家长期自由主义传统。与其他国家不同，丹麦大部分劳动力市场条件的规范和调整都是在社会伙伴之间独立进行的，而没有国家政府的干预。这种传统可以追溯到《九月妥协》

(1899)，这个协议是丹麦劳动力市场争议解决和雇员工资、工作时间谈判的基础，社会伙伴可以在没有政府的干预下，在自身最大利益的前提下，就劳动力市场的重要问题进行谈判。

三、长期慷慨福利传统

高水平的工作不安全之所以被工会接受是因为丹麦有长期慷慨的福利传统，即针对参加失业保险的失业者的失业福利系统和附加的没参加失业保险的失业者的社会救助系统。同时，失业福利系统不是由国家控制，而是由与工会有事实上的联系的独立的失业保险基金控制。这种传统可以追溯到 19 世纪 60 年代后期的失业福利改革和公共就业服务的建立。这种安排的一个重要特点就是允许雇主在没有额外成本的前提下解雇雇员，这样雇主和雇员才存在共同的利益，来维护国家财政支持下的社会保障系统。

四、劳动力市场政策转换

1994 年的劳动力市场改革是从被动到积极劳动力市场政策的重要转折点。实施积极的劳动力市场政策，工会组织不得不让步，失业者领取失业保险的期限逐渐下降，而且要求失业者必须参加激活计划。工会的观念发生转变，不再是终身的收入保障，而是更高水平的就业保障。更重要的是，通过参加激活计划，失业者的就业、工作能力得到提升，可以增加其重返劳动力市场的机会。此外，劳动力市场政策的地方化也起到了一定的积极作用。除劳动力市场政策的主要领域，如集体协议，在中央政府控制之下以外，地方政府和区域性的社会伙伴政局发挥着重要作用。如丹麦，将劳动力市场政策从中央到地方进行划分，中央称为国家就业局，地方分为 14 个劳动力市场局。

五、继续职业培训传统

在丹麦灵活保障模式中，另一个起重要作用的因素是教育政策。丹麦的继续职业培训（CVT）政策的一大特色是不仅为失业者（积极劳动力市场政策），而且为就业者（灵活的劳动力市场）提供服务和培训。早在1960 年和 1965 年就建立了非熟练工和熟练工的继续职业培训。在 19 世纪 80 年代末期达成的集体协议中，雇员就有资格每年参加两周与工作相关的培训。1994 年，由于害怕劳动力短缺，政府提高财力支持并实行教育假期计划，给予雇员至少 1 年的假期参加相关的教育培训。丹麦失业者的继续职业培训的参与率为 47%（OECD，2003），持续多年位居欧洲之首；即使是非失业者的继续职业培训的参与率也达到了 35%，在 OECD 国家也是最高的①。

第三节　欧盟劳动力市场灵活保障模式的发展历程

一、2000 年以前：丹麦、荷兰的先行实践阶段

（一）灵活保障在丹麦的实践

灵活保障的一个源头在丹麦。波尔·拉斯穆森首相在任期间，丹麦就将企业灵活的解雇雇用雇员与对失业者进行救济和实施再就业培训相结合，成功地创造了灵活保障模式。其悠久历史可以追溯到 1899 年由工会组织和雇主协会达成的“九月妥协”（the September Compromise）与《共同协定》（General Agreement）的签订。在协议中，工会承认雇主具有灵活解雇雇佣雇员的权利，雇主承认雇员具有参加工会组织的自由。丹麦

① Thomas Bredgaard，Flemming Larsen and Per Kongsh J. Madsen.“Opportunities and challenges for flexicurity-The Danish example”，2006.

通过双方协商的方式，由工会和雇主协会签订“劳资协议”（Collective Agreement），以解决工资和工作条件的争议，确保劳动力市场中劳资双方的高度一致性。

丹麦具有长期的灵活雇佣传统，早在19世纪80年代末期，随着对临时机构监管的改革，就出现了临时就业协议，其对于是否续签协议以及在同一个单位工作时间的上限就不再进行限制。

早在1907年，丹麦就开始发展失业保险基金；并从20世纪60年代起，开始由公共就业服务部门对失业风险进行专门管理。经历1969年的改革，失业者在过去的3年里至少工作26周，并在失业后积极地寻找工作，则只要参加失业保险系统一年，失业者的失业保险替代率就达90%；非参加失业保险系统的失业者的替代率大约是它的80%①。过高的失业保险替代率，以及大规模的儿童看护、教育等社会服务，使丹麦劳动力市场的保障性得到逐步巩固。

在20世纪60年代，丹麦开始搭建合作主义框架。国家的合作主体（现在的the Employment Council）与14个地方的合作主体（现在的Labour Market Councils）创建了合作主义框架，而且在20世纪90年代合作主义框架被进一步加强②。

1969年，丹麦在实行成人职业教育项目的基础上，又建立了公共就业服务，为劳动力的供给和需求匹配提供了便利③。

在20世纪80年代末90年代初，丹麦开始实施积极的劳动力市场政策，采取各种措施鼓励失业者寻找工作、接受工作或主动提升自身的技能。最初的重点放在公休假期和其他参与率较低的工作岗位轮换方面。在

---

① 杨伟国：《丹麦的灵活保障制度：“金三角”模式及其借鉴》，国家行政学院学报2008年第3期。

② Flemming Larsen. “Active Labour Market Policy in Denmark as an example of Transitional Labour Market and flexicurity arrangements-What can be learnt?” 2005.

③ Thomas Bredgaard, Flemming Larsen and Per Kongsh.j Madsen. “Opportunities and challenges for flexicurity-The Danish example”, 2006.

雇员接受培训时，失业者可以临时接替他们的工作，岗位轮换对技能的开发起到了很好的推动作用。后来的重点又转变为巩固工作激励制度、增强受雇就业能力方面。

自20世纪90年代末以来，政府当局就引进了更多的措施以提高劳动力市场机能。除了逐渐降低劳动收入边际税率的所得税改革以外，劳动力市场措施包括如下几个方面：①在接受了三个月的失业津贴后，失业者有义务接受在他们的职业领域之外的工作；②在失业六个月后，对失业者的强制"激活"扩大到低于25岁的每个人；③享受持续津贴的最高年龄从50岁提高到55岁；④享受失业保险金的最长期限从五年缩短到四年；⑤对失业者培训的目标更加明确，参与假期教育的计划更具有约束性；⑥专业和兼职的早期退休计划融合起来，创造一种更灵活、更统一、更透明的体制；⑦制定税收和收入激励机制，防止提前退休，延长人们的工作时间直到62岁。

（二）灵活保障在荷兰的实践

灵活保障的另一个源头在荷兰。1982年，荷兰国家最高工会组织和雇主协会同意通过了瓦塞纳协议，该协议不管是在工资调整和工时灵活性方面，还是在兼职工作和提前退休方面，都被看做是灵活保障的一项重要表现，尽管当时它并没有贴上平衡雇主工时灵活性与雇员工作保障关系的标签。

1983—1986年，以政府为代表进行了关于弹性就业的研究。就此人们了解到弹性就业更加适应劳动力市场及企业的需求，可以应对不断变化的市场环境、控制成本，进而不断加强企业的国际竞争力。

1993年的《促进兼职工作与区分工时模式》建议案特别处理了兼职工作，经营效率与绩效问题，常被视为引领灵活性与保障性问题达成一致的众多开拓性协议之一。

1993年4月2日，雇主组织、工会与非营利性就业机构"START"达成关于新的法律实施后如何调节临时机构劳动者的合法地位的协议。此协议做出了适用于未来五年的集中性决定，其中一项重要协议是雇员在为机构工作26周后，会得到一份固定期限就业合同，在18个月或者24个月之后，这一合同将转变为永久性合同。

Wim Kok于1994年开始执政，他表现出很强的把社会保障问题与积极劳动力市场政策相结合的倾向。他的竞选口号是："工作，工作，工作"，明确表明工作优于失去收入的补偿。

自从1995年秋，弹性安全是荷兰劳动力市场改革中的关键概念。荷兰政府政策科学委员会成员，社会学家Hans Adriaansens，在演讲和访谈中发起了这个概念，并把这个概念定义为从安全工作到工作安全的转变，即认为这是从工作保障到就业保障的转变。他建议减少工作保障，增强就业机会和社会保障。

1995年12月，Ad Melkert发表了灵活性和保障性备忘录，针对长期劳动力的放松的就业保护立法，进一步规定了临时劳动力有获得正规就业身份的权利。雇员与雇主组成的联盟成功地在备忘录中签上合作的名字，从而在灵活性与保障性的问题上达成了极其细致的协议，并在1996年4月3日公布生效。

1997年3月，灵活性与保障性议案递交荷兰下议院，总的指导思想是：在传统就业合同下，存在非常高的就业保护；而灵活就业雇员面临着很高水平的非安全性，政府应该重新审视现有荷兰法律。所以，高度协调的、稳定灵活的劳动关系是经济竞争、健全社会劳动制度的核心。

1997年年末，荷兰议会就接受了灵活性/保障性的建议，并且陆续将其列入法律条文之中。1999年1月1日起开始生效的"灵活保障法案"，是荷兰实施灵活保障性政策战略的标志。

总之，在过去一些年里，丹麦、荷兰劳动力市场灵活保障都得到了快速的发展。追求灵活性和保障性的平衡，同时也成了欧盟政策制定的一种关键策略。1997年的绿皮书（Green Paper）表明，对于雇员、管理者、社会伙伴和决策者来说，关键问题都是灵活性和保障性之间的权利平衡。在以往的埃森会议（1994）、佛罗伦斯会议（1996）、阿姆斯特丹会议

（1997）和卢森堡会议（1998）等欧盟峰会上，都明确地将劳动力市场的灵活性与保障性联系了起来。劳动力市场灵活保障已经成为了欧盟就业战略（EES）的关键目标，以及欧洲社会模式（ESM）的重要挑战。

二、2000—2006年：号召成员国学习的发展阶段

在2000年3月里斯本首脑会议通过的里斯本战略中，明确地提出了欧盟未来的发展目标，即通过创造更多、更好的工作岗位，形成强大的社会凝聚力，保持持续的经济增长，使欧盟发展成为世界上最具有竞争力的和充满活力的经济联盟①。尤其是125—127欧洲条约条款，强制要求欧盟成员国采取提升劳动者就业水平的措施。同时，会议还通过了一些相关措施，包括：(1) 提高就业能力以及减少技能缺口；(2) 提高服务业的就业水平；(3) 将终身学习作为欧盟社会模式的基本组成部分，并给予更高的优先权；(4) 从各方面增进就业机会的平等②。

2000年12月，尼斯会议通过了新的《欧盟社会政策议程》，旨在达到提高就业率、减少地区差别以及追求机会平等的社会目标。主要包括：(1) 调整社会保护体制，使劳动者得到应有的报酬，提供其收入的稳定性；(2) 促进男女平等，实现男女同工同酬、消除性别隔离，鼓励女性在经济、政治、社会等各个方面积极参与；(3) 促进社会融入，加强职业教育和培训，为弱势群体提供更多、更好的就业机会；(4) 强化基本权利的实现，并反对歧视③。

2001年的《欧洲就业指南》(The 2001 European Employment Guideline）的第13款：关于适应能力支柱（Adaptability Pillar)，清晰、明确地表达了劳动力市场灵活性和保障性的目标。即通过社会伙伴之间

---

① European Commission，“Employment in Europe”. http://europa.eu.int/，2000.5.

② 商照丽：《二十世纪七十年代以来欧盟失业治理政策研究》，硕士学位论文，云南师范大学，2006年，第25页。

③ Comission of the European Communities，“Social Policy Agenda”. http://europa.eu.int/.

在各种层次水平上的协商、谈判，使各种工作组织实现现代化，提高其潜在的劳动效率和市场竞争力，达到劳动力市场灵活性与保障性的更高平衡①。

在 2002 年 3 月的巴塞罗那会议上，确定经济和社会政策的基本目标是充分就业。会议指出，关注失业治理政策的改革，采取更加积极的促进就业政策，提供更多、更好的工作岗位；减少欧盟层面的阻碍和不利因素，简化就业政策指南，以提高劳动生产率，增加就业率，减少低收入人群的税收负担；并要加强成员国之间的相互合作，根除阻碍劳动力自由流动的各种障碍②。

2003 年的《欧洲就业指南》（The 2003 European Employment Guideline）提出，更好的平衡劳动力市场的灵活性和保障性，可以快速提升企业的竞争能力，提高雇员的工作效率，并更好地促进企业和雇员适应经济情况的变化。

欧盟 2005 年与 2006 年的“联合就业报告”中，将劳动力市场的灵活性保障性准则概括成四点：(1）和约安排在满足雇主灵活性的同时，还要满足雇员的灵活性；(2）充分发挥积极劳动力市场政策在劳动力市场转换中的重要作用；(3）建立健全有助于提高雇员就业能力的终身学习制度，以帮助其应对快速的环境变化、顺利的进行工作转换；(4）维持现代社会保障制度，向失业者提供适当的收入保障，并促进劳动力的合理流动③。

2006 年 10 月，芬兰拉赫迪欧盟首脑会议将灵活保障战略作为重要的会议议题，并开始着手制定有关劳动力市场灵活保障战略的基本准则。在结束了 2006 年 1 月的菲拉赫会议以后，灵活保障成为了欧盟国家中最受

① 孔德威、刘艳丽：《欧盟劳动力市场灵活安全性政策战略分析》，《河北青年管理干部学院学报》2007 年第 3 期。

② Comission of the European Communities，“Commom Actions for Growth and Employment Community Lisbon Programmer”.http://europa.eu.int/.2005.7.

③ 孔德威、刘艳丽：《欧盟劳动力市场灵活安全性政策战略分析》，《河北青年管理干部学院学报》2007 年第 3 期。

欢迎的模式。

三、2006—2008年：制定并执行共同原则的成熟阶段

2007年6月27日，欧盟委员会提交的《关于灵活保障的共同原则：通过灵活和保障创造更多和更好的工作》指出，灵活保障是劳动力市场现代化的一种综合方法，具体包括四部分内容：(1) 灵活和可靠的契约协议，依赖于现代劳动法、集体协议和工作组织来实现；(2) 积极有效的劳动力市场政策，促使劳动者积极应对外部环境的变化，以减少失业和顺利的转换工作；(3) 全面的终身学习策略，保证劳动者，特别是弱势群体的持续适应能力和就业能力；(4) 现代化的社会保障体系，保证劳动者获得适当收入的同时，促进其再就业，并增强其流动性。

2007年，社会非政府组织在奥地利菲拉赫召开的就业与社会事务非正式会议（Informal Meeting on Employment and Social Affairs）上，制定了劳动力市场灵活保障应遵循的基本准则，共包括十项内容：(1) 与工作贫困和社会排斥作斗争，创造更多、更好的工作岗位，增强社会凝聚力量；(2) 建立健全民主协议机制；(3) 灵活保障包括雇主的灵活性和雇员的灵活性两方面；(4) 灵活保障是一个社会整合机制；(5) 男女机会均等；(6) 灵活保障应该在现有的劳动立法框架下进行；(7) 确保灵活就业人员享有充分的养老金权利；(8) 灵活保障依靠激活性政策的支撑；(9) 保证充分的收入安全；(10) 继续对教育进行投资，倡导终身学习①。

2007年12月5日，欧盟在经合组织（2006）灵活保障基础上提出了灵活保障的八个共同原则：(1) 灵活保障应该包括灵活、可靠的合同，长期学习的全球策略，有效积极的劳动力市场政策和现代社会福利制度；(2) 灵活保障根据劳动力市场上参与的利益相关者权利与义务的平衡；

① 孔德威、刘艳丽：《欧盟劳动力市场灵活安全性政策战略分析》，《河北青年管理干部学院学报》2007年第3期。

(3) 在每一个会员国，灵活保障都应适应环境、劳动力市场和具体的劳动关系；(4) 灵活保障应减少劳动力市场内部人和外部人间的差距；(5) 灵活保障应允许自下而上的流动性（包括企业内部和外部的）和失业、就业之间的流动性；(6) 灵活保障需要支持性别平等；(7) 灵活保障需要在政府当局和社会合作伙伴间有信任和对话的气氛；(8) 灵活保障政策对预算有影响，从财务的观点看其应用也应该有助于稳固和持续的预算政策①。

2008 年，欧盟灵活保障开始在各国逐渐实施。2 月 1 日，欧盟委员会执行一个包括 4—5 个国家在内的，以灵活保障原则为基础发展实施的实况调查行动计划；从 2008 年第四季度到 2010 年，欧盟成员国报告本国基于灵活保障共同原则的实施途径，并进行典型说明②。

四、2008 年至今：应对金融危机的挑战阶段

金融危机发生后，为促进就业和稳定劳动力市场，欧盟各国采取了调整工作时间、降低劳动力成本、推进职业再培训和终身学习等具体措施。此外，欧盟层面都采取了一些应对措施。

2008 年 11 月，欧盟委员会推出了《欧盟经济复苏计划》。欧盟委员会计划投入 18 亿欧元用于改善劳动力市场状况，重点用于培训低技术工人，以及对技能提升、自主就业提供补助，并呼吁各国加强合作。其中，涉及就业的主要举措有：努力创造劳动力需求岗位；针对弱势群体制定政策，发放临时补贴，并对劳动密集型的服务业实施增值税减免等；重视欧盟劳动力市场的融合，要求各成员国的劳动力自由流动，促进工人技术素质和市场需求相互匹配，加强成员国之间的管理合作和协调；为欧盟工人提供职业指导，对工人进行未来所需技能的培训，以适应未来经济对技术

① Daniela Pasnicu. "Flexicurity-the solution for the labour markets policy reform from the european union member states", 2008, pp.11-12.

② Daniela Pasnicu. "Flexicurity-the solution for the labour markets policy reform from the european union member states", 2008, p.4.

的高要求。

2009年5月7日，欧盟就业峰会通过十项就业措施：(1) 提供公共基金支持再培训和临时工作时间调整，使尽可能多的人保住工作；(2) 降低非工资劳动成本，鼓励创业和创造就业机会；(3) 为新失业者尤其是年轻人提供细致的求职咨询和培训，提高国家就业服务机构的效率；(4) 到2009年年底，大幅增加高质量的学徒和受训者的位置；(5) 实施工作奖励、积极有效的劳动力市场政策、改革社会保障体系，促进更具包容性的劳动力市场；(6) 倡导终身学习，提高各级人员尤其是毕业生的必要技能，使其在离校后能找到工作；(7) 利用劳动力的流动性有效地平衡劳动力市场的供需；(8) 识别工作机会和技术需要，提高技能预测能力，使培训更具针对性；(9) 为失业人员和年轻人提供创业支持，如提供业务培训支持和启动资金，对初创企业减免税等；(10) 相互学习和交流，更好地促进企业重组。

2010年6月，欧盟正式通过了未来十年的发展蓝图，即欧洲2020战略（Europe2020-A strategy for Smart Sustainable and Inclusive Growth)。这是欧盟继2000年里斯本战略后的第二个十年经济社会发展战略。其中，涉及就业方面的内容有：2020年实现20—64岁人群的就业率不低于75%；将未能完成初等教育的人数控制在10%以下，保证30—34岁的人中至少有40%的人接受高等教育。欧洲2020战略相继提出七大旗舰计划，包括"青年就业流动"（Youth on the Move)、"新技能、新就业议程"（An Agenda for New Skills and Jobs)、"欧洲反贫困平台"（European Platform against Poverty)。

欧盟在2012年4月发布的"促进就业一揽子计划"（Employment Package）中制定了创造就业岗位和进行平衡的劳动力市场改革的日程表。

第五章　欧盟劳动力市场灵活保障模式的运行机制

欧盟劳动力市场灵活保障模式的运行机制主要反映各种模式下劳动力市场的灵活性和保障性如何达到一种平衡状态，涉及的指标包括反映劳动力市场灵活性的就业保护政策严厉程度和劳动力市场的流动性；反映劳动力市场保障性的失业保险替代率和积极劳动力市场政策。

就业保护政策是指与就业保护相关的政策，在本书主要是与雇用和解雇相关的政策。就业保护政策的严厉程度对雇主和雇员都会产生一定的影响，就业保护政策的严厉程度越低，劳动力市场越灵活，反之，劳动力市场越僵硬。就业保护政策的严厉程度可以通过总体情况和具体的常规就业、临时就业、集体解雇三种情况来反映。劳动力市场的流动性是指劳动者在劳动力市场流动的状况，包括就业岗位间的转换和就业失业间的转换，通常可以用平均工作任期来衡量，即雇员受雇于现在雇主的平均时间长度。

失业保险替代率是指失业后领取失业保险的金额与失业者工作时工资水平的比率；如果是失业保险净替代率，则是与税后工资水平的比率。失业保险替代率反映的是被动措施对失业的保障情况。而积极劳动力市场政策（ALMPs）是针对被动劳动力市场政策提出来的。根据国际劳工组织（ILO）定义，积极劳动力市场政策是指，为追求公平和（或）效率，政府有目的、有选择地进行干预，为劳动力市场弱势群体提供工作或提升其自身就业能力的措施。一般的积极劳动力市场政策主要包括劳动力市场培训、通过公共部门或社区项目创造新的就业岗位、创业项目和给私营企业雇员提供补贴①。

第一节　北欧模式代表国家的运行机制

总体上讲，北欧模式具有较高水平的灵活性和较高水平的保障性。从灵活性角度讲，北欧模式的就业保护政策的严厉程度较低。从保障性角度讲，北欧模式的平均总失业保险替代率较高，被动措施支出和积极劳动力市场政策支出都较高。北欧模式通过较高的保障性来支持较高的灵活性，是欧盟劳动力市场灵活保障模式的典型代表模式。

一、丹麦的运行机制

丹麦劳动力市场灵活保障模式通过灵活的劳动力市场、慷慨的社会福利制度和积极的劳动力市场政策三要素的有机结合，成功地实现了灵活性和保障性之间的平衡②。其中，灵活的劳动力市场和慷慨的社会福利制度是灵活保障模式的主轴，是形成劳动力市场灵活性的基础；积极的劳动力市场政策则是实现劳动力市场灵活性与保障性平衡的关键因素，起着非常重要的提升和激励效应③。

丹麦劳动力市场灵活保障模式通常被称为“金三角”模式，具体如图 5－1。图中的箭头表示雇员在工作、社会福利和积极劳动力市场政策

① Peter Auer，mit Efendioğlu and Janine Leschke. “Active Labour Market Policies Around the World:Coping with the Consequences of Globalization”, *Geneva*: *International Labour Office*，2005，pp.5-9.

② 功能灵活性的岗位轮换主要在积极劳动力市场政策中体现，所以称为三要素。

③ 成新轩、于艳芳：《欧盟灵活保障模式：内涵、运行与启示》，《河北学刊》2010 年第 10 期。

之间的流动。其中，灵活的劳动力市场和慷慨的社会福利系统之间的双向箭头表示每年有大量的劳动者失业，成为社会福利的接受者，但是他们中的大部分人在历经短暂的失业后，会重新就业；另一部分不能快速就业的劳动者将通过积极劳动力市场政策的实施得到帮助，最终重返工作岗位。

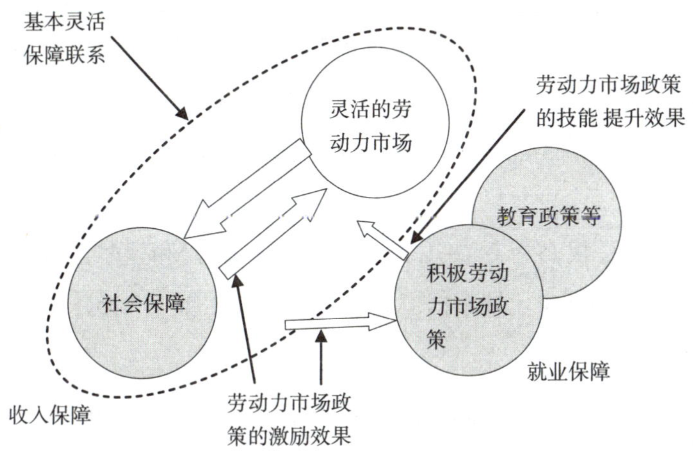

图 5－1　丹麦“金三角”模式

资料来源：Per Kongshφj Madsen，“The Danish Model of ‘Flexicurity’—A Paradise with some Snakes”，Conference on the Future of Work and Social Protection，Brussels，May 16，2002.

（一）外部数量灵活性：灵活的劳动力市场

丹麦劳动力市场的外部数量灵活性是指雇主可以很容易解雇和雇用劳动者。灵活的劳动力市场对于初次寻找工作的青年和重返劳动力市场的妇女来讲，是非常有利的，因此丹麦妇女的就业率和劳动力参与率在欧洲是最高的；同时，灵活的解雇规则能够保证企业根据生产的变化，在没有很高成本增加的基础上及时地调整劳动力需求。丹麦劳动力市场的外部数量灵活性主要通过就业保护政策的严厉程度（EPL）和劳动力市场的流动性来衡量。

1. 就业保护政策的严厉程度

根据 OECD 的统计，不论是从总体情况来看，还是从常规就业、临时就业和集体解雇各种具体情况来看，丹麦的就业保护政策的严厉程度都较其他欧盟国家低。尤其是 1995 年以来，就业保护政策的严厉程度呈下降的趋势，总体情况数据由 2.4 下降到 1.5，常规就业数据由 1.68 下降到 1.63，集体解雇数据由 3.88 下降到 3.13，尤其是临时就业数据由 3.13 下降到 1.38。2009 年以来就业保护政策的严厉程度呈不同的变化趋势，总体情况数据由 1.5 上升到 2.39，常规就业数据由 1.63 上升到 2.10，临时就业数据没有变化，但是集体解雇数据仍然下降，由 3.13 下降到 2.88（如图 5－2）。可见，受金融危机影响，丹麦的就业保护政策严厉程度有上升的趋势（2.39），但是仅高于芬兰（2.01）、英国（1.56）和爱尔兰（2.0）。丹麦及其他 13 个欧盟国家比较数据，见附录 A 的表 1 (a)、1 (b)、1 (c)、1 (d)。

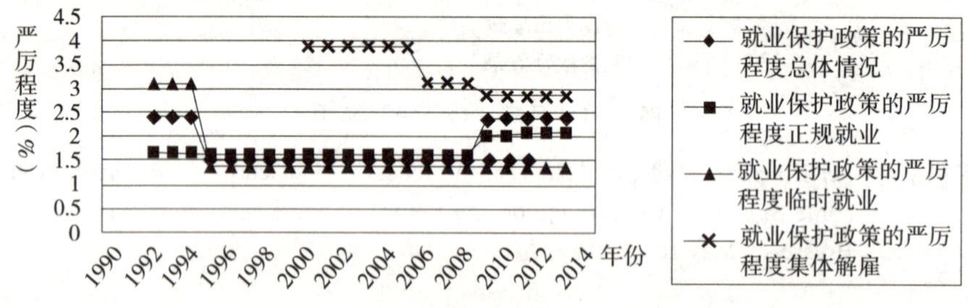

图 5－2　丹麦就业保护政策的严厉程度

资料来源：http://stats.oecd.org/Index.aspx?DatasetCode=LFS_SEXAGE_I_R.

以 2008 年数据为例，丹麦就业保护政策严厉程度较低，劳动力市场较灵活。其中，总体情况和常规就业情况数据（1.5，1.63）仅高于英国（0.75，1.12）、爱尔兰（1.11，1.6）；临时就业数据（1.38）仅高于荷兰（1.19）、瑞典（0.88）、英国（0.38）、爱尔兰（0.63）；集体解雇情况不明显，居中。就业保护政策严厉程度的总体情况、常规就业、临时就业和集体解雇情况，如图 5－3 (a)、图 5－3 (b)、图 5－3 (c) 和图 5－3 (d)。

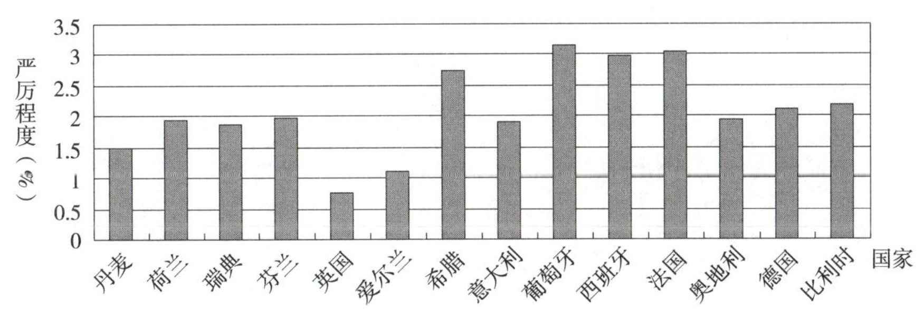

图 5－3（a）　就业保护政策的严厉程度——总体情况

资料来源：http://stats.oecd.org/Index.aspx?DatasetCode=LFS_SEXAGE_I_R.

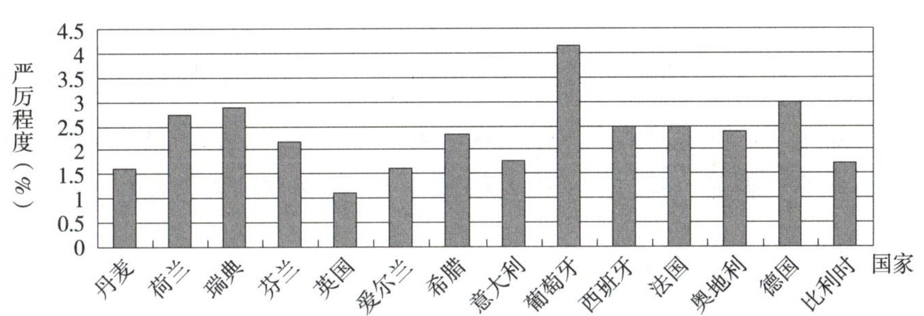

图 5－3（b）　就业保护政策的严厉程度——常规就业

资料来源：http://stats.oecd.org/Index.aspx?DatasetCode=LFS_SEXAGE_I_R.

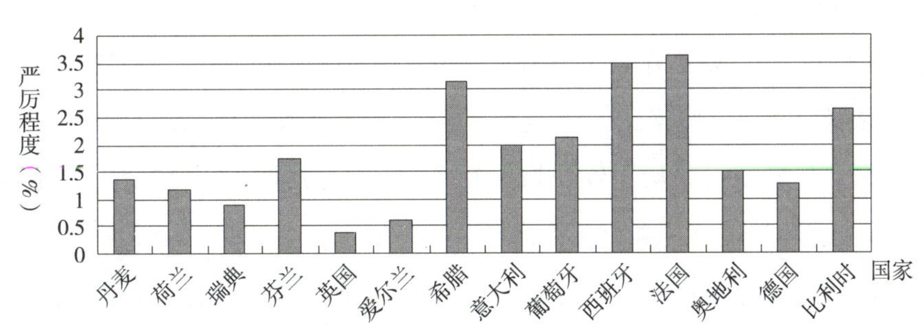

图 5－3（c）　就业保护政策的严厉程度——临时就业

资料来源：http://stats.oecd.org/Index.aspx?DatasetCode=LFSSEXAGE_I_R.

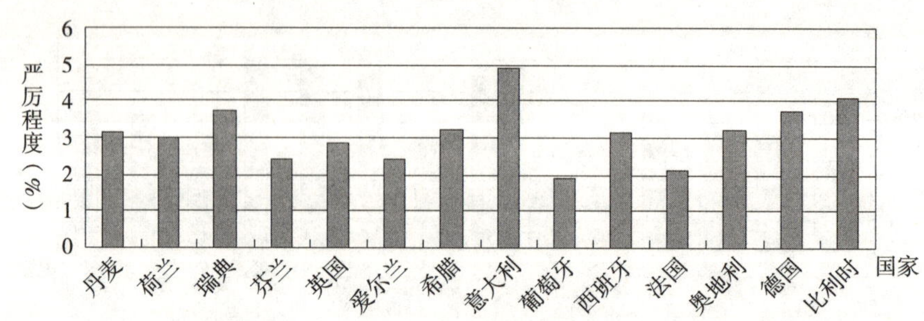

图 5－3（d） 就业保护政策的严厉程度——集体解雇

资料来源：http://stats.oecd.org/Index.aspx?DatasetCode=LFS_SEXAGE_I_R.

金融危机发生后，丹麦的就业保护政策严厉程度有所提高，但是仍然较低。其中，总体情况和常规就业情况严厉程度增加，常规就业情况没变，临时就业数据下降。以 2012 年数据为例，总体情况数据仅高于芬兰、英国和爱尔兰；常规就业情况数据仅高英国和爱尔兰；临时就业数据高于荷兰、瑞典、英国、爱尔兰、德国和奥地利；集体解雇数据仅高于芬兰和葡萄牙。

2. 劳动力市场的流动性

丹麦劳动力市场的流动性很高，而且 70% 以上的人认为经常转换工作是很好的，高于欧盟 40% 比例近两倍①。在丹麦，每年大约有 30% 的雇员在流动，其中有 20%—25% 可能会失业，但绝大多数都能快速的就业②。有数据显示，一大批熟练或非熟练劳动者要找到更好的工作只需要八天的时间，1/4 雇员在同一家企业中的工作时间不到一年③。丹麦及其他 13 个欧盟国家平均工作任期的比较数据，见附录 A 的表 2。以 2008 年数据为例，丹麦雇员平均工作任期只有 7.9 年，与其他 13 个欧盟国家比是

① Thomas Bredgaard & Flemming Larsen: “Comparing Flexicurity in Denmark and Japan”. 2007，p.11.

② Dany LANG: “Can the Danish model of ‘flexicurity’ be a matrix for the reform of European labour markets?” 2006，p.9.

③ 杨伟国：《丹麦的灵活保障制度：“金三角”模式及其借鉴》，《国家行政学院学报》2008 年第 3 期。

最低的，远低于希腊的13.2年和葡萄牙的12.8年。具体情况，如图5－4。

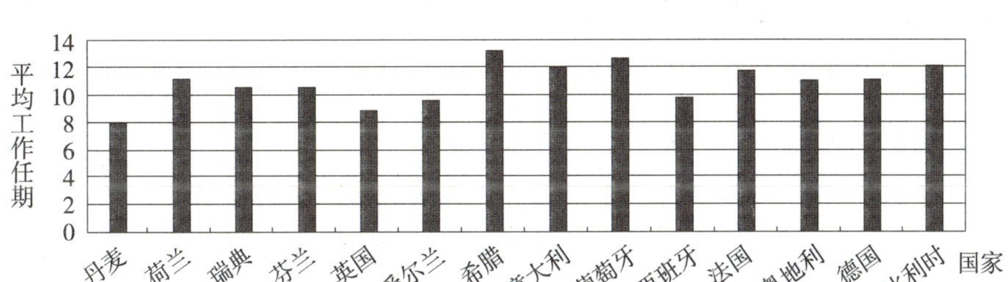

图5－4　2008年平均工作任期

资料来源：http://stats.oecd.org/Index.aspx?DatasetCode=LFS_SEXAGE_I_R.

另外，由于丹麦工作具有较高的开放性（Job Openings），近年来，丹麦的平均工作任期逐年下降，降到2008年的最低水平；受金融危机的影响，2009年开始平均工作任期有延长的趋势。但是，丹麦2013年的平均工作任期（8.8年）仍然是最低的，远低于希腊的14.1年和葡萄牙的13.6年。具体的发展趋势，如图5－5。

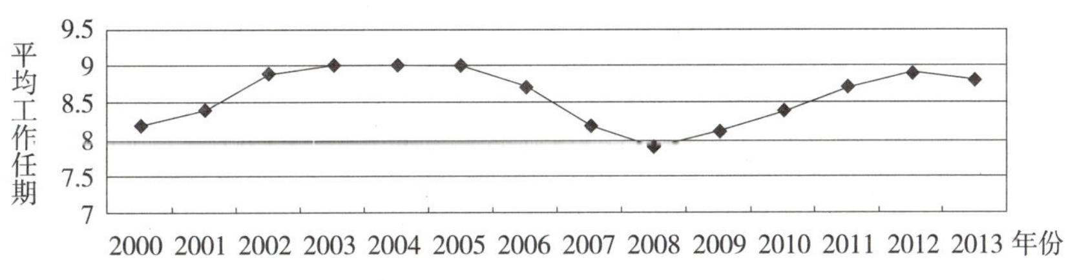

图5－5　丹麦平均工作任期

资料来源：http://stats.oecd.org/Index.aspx?DatasetCode=LFS_SEXAGE_I_R.

（二）功能灵活性：岗位轮换

岗位轮换有两个方面的含义，一方面从就业者角度来说，属于企业内部的功能灵活性，通过参加企业外部的培训提高雇员的就业能力；另一方面从失业者角度来说，属于就业保障中积极劳动力市场政策的一种，通过失业者临时代替企业雇员，为失业者提供新的工作岗位。这里是从企业内部的功能灵活性角度来说的。

岗位轮换是一个持续的、动态的过程，政府支持各种形式的基于离开的岗位轮换，并给予雇员一定的资金支持。对于雇员来说，可以称之为带薪休假。雇员离开工作岗位除了参加培训以外，还可以有育儿假或平时的休假。据统计，平均2万—3万雇员和求职者——大约10%的工作人口参加了其中的一个岗位轮换项目（Sørensen，2001），1/3以上的失业者可以继续留在本企业工作。但是，带薪休假需要符合一定要求，见表5－1。

表5－1 带薪休假计划

	培训	休假	育儿假
最小25岁	就业者，失业者，自雇者	就业者	就业者，失业者，自雇者
失业救济条件	是	是	否
最长期限	1年	1年（最短13周）	26周
申请人无条件的权利	否	否	是
申请人强制替换	否	是	否
福利水平（相对失业救济）	100%	60%（以前80%）	60%（以前80%）

资料来源：TonWilthagen.towards "flexicurity" balancing flexibility and security in EU member states.2003.10.

（三）收入保障：慷慨的社会福利制度

灵活的劳动力市场是以慷慨的社会福利制度①做保障的。在丹麦，有针对失业者的双层保障系统，即失业者自愿进入的失业保险系统和没有参加失业保险的失业者的社会救助系统。

在丹麦，80%以上的人都参加失业保险。1981—2007年的统计期间，失业保险总替代率除了个别年份低于荷兰以外，基本都远远高于欧盟其他13个国家。各个国家比较数据如附录A表3。同时，丹麦的失业者可

① 这里仅包括失业保险和失业救助，不包括提前退休。

以从失业当天开始领取最长 4 年的失业保险（包括参加激活的时间）。如果领取失业保险的期限到期，失业者还没有找到工作，他将被转入社会救助，这时的收入补偿将有所降低，往往要依靠家庭或财政状况。丹麦 1981 年以来的平均总失业保险替代率，如图 5－6。

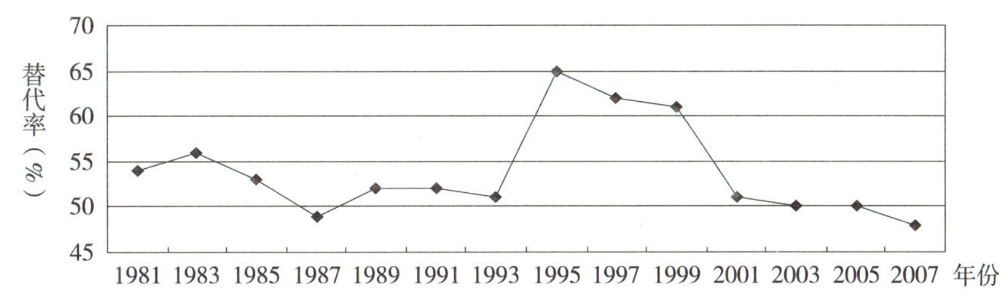

图 5－6　丹麦平均总失业保险替代率

注：净替代率是指失业保险的金额与失业者工作时税后的工资水平的比率。
资料来源：http://www.oecd.org/document/3/0，3746，en_2649_34637_39617987_1_1_1_1，00.html.

丹麦失业保险的替代率与失业者的收入水平、失业时间和家庭状况有密切联系。一般来说，低收入水平的替代率比高收入水平的替代率高，失业初始阶段的替代率比长期失业的替代率高，有两个孩子的家庭比没有孩子的家庭的替代率高，而且有两个孩子的父母都失业的低收入者的替代率最高。2009 年具体情况见附录 A 的表 4 和表 5。一般收入水平和低收入水平的两个孩子的初始阶段的替代率与长期失业的替代率比较，如图 5－7 和图 5－8。

少数的没有参加失业保险的失业者将接受社会保障现金福利（Social Security Cash Benefits）。社会保障现金福利和失业保险的测算方式不一样，而且社会保障现金福利主要看领取者的家庭状况。一般来说，家庭的经济支柱者会获得大约 80% 的失业福利①。

总之，慷慨的社会福利制度避免了大部分人陷入贫困状态。据欧盟

① Flemming Larsen. "Active Labour Market Policy in Denmark as an example of Transitional Labour Market and flexicurity arrangements-What can be learnt?" 2005.

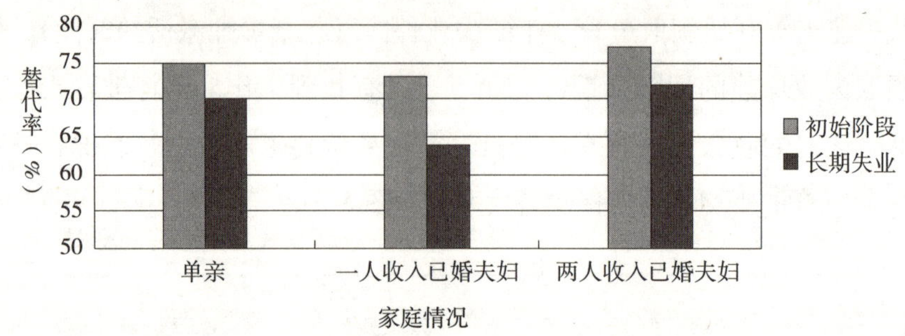

图 5－7　一般收入水平、两孩子在初始阶段与长期失业阶段替代率比较

资料来源：http://www.oecd.org/document/3/0，3746，en_2649_34637_39617987_1_1_1_1，00.html.

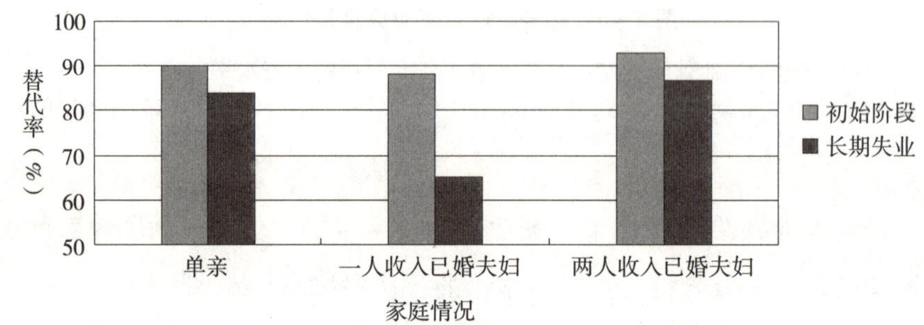

图 5－8　低收入水平、两孩子在初始阶段与长期失业阶段替代率比较

资料来源：http://www.oecd.org/document/3/0，3746，en_2649_34637_39617987_1_1_1_1，00.html.

统计局统计显示，丹麦的贫困风险率从 2001 年的 29% 下降到了 2005 年的 10%，低于欧盟大多数国家①。

传统的劳动力市场被动措施除了上述维持失业者收入的失业保险、失业救助等以外，还包括提前退休，不再阐述。与其他 13 个欧盟国家相比，丹麦被动措施支出占 GDP 的百分比较大，以 2008 年为例，丹麦被动措施支出（1.21）仅低于荷兰（1.29）、芬兰（1.35）、爱尔兰（1.34）、西班牙（1.87）、比利时（2.0），具体见附录 A 的表 6。由于意识到传统的被

① 于艳芳：《丹麦劳动力市场的灵活保障就业模式》，《中国财政》2011 年第 4 期。

动措施的缺陷，2004—2008 年，丹麦被动措施支出呈逐年下降的趋势；但是，2009 年开始有上升趋势。2012 年的 1.7% 仅低于荷兰（1.92%）和比利时（2.08%）。具体情况，如图 5－9。

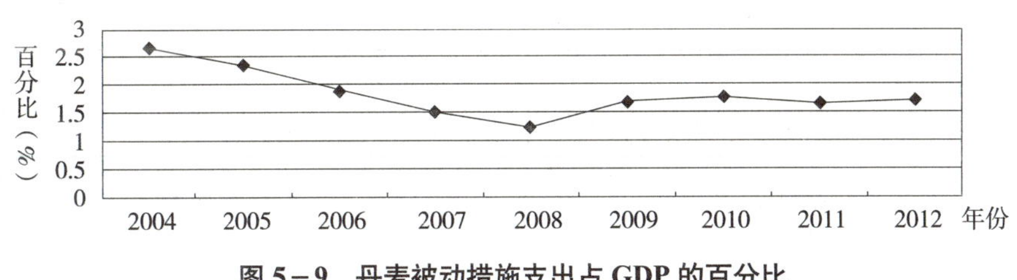

图 5－9　丹麦被动措施支出占 GDP 的百分比

资料来源：http://stats.oecd.org/Index.aspx?DataSetCode=LMPEXP.

（四）就业保障：积极劳动力市场政策

丹麦积极劳动力市场政策包括公共就业服务与管理、劳动力市场培训、岗位轮换与工作共享、就业激励、支持就业与康复、直接创造工作岗位、创业激励。积极的劳动力市场政策是丹麦灵活保障模式成功的关键因素。实施积极的劳动力市场政策，可以推动失业者积极寻找工作，促使失业者快速重新就业，还可以创造更多的工作岗位①。

1. 实行激活计划

激活计划是丹麦积极劳动力市场政策的重要组成部分。为了避免出现贫困陷阱和激励失业者，丹麦有一个强大的积极劳动力市场体系，为失业者接受教育、工作培训和工作搜寻等提供帮助。与“权利与义务”规则相联系，激活计划成为促使失业者积极参加改善就业机会和提高工作能力的最重要的措施。

丹麦将失业保险金领取的资格期限逐渐缩短（见表 5－2），并要求失业者参加激活计划。在 1993 年，失业者领取失业保险的期限是 7 年，而且这个资格期限是没有限制的。1994 年的改革基于所谓的“权利与义务”

① 成新轩、于艳芳：《欧盟灵活保障模式：内涵、运行与启示》，《河北学刊》2010 年第 10 期。

规则，将这个资格期限缩短到4年，而且得到被动失业保险的可能性降低。就是说，失业者有权利获得收入损失的补偿，但反过来，失业者也必须积极地寻找工作和提升自身的技能。

2003年以前，领取失业保险的期限都为被动阶段，即没有义务参加工作激活计划的阶段和主动阶段，即失业者需要有75%的时间参加激活计划的阶段。自从2003年1月1日起，领取失业保险的期限不再进行主动、被动的区分。即从失业的那天开始，失业者就有权利和义务在失业后12个月内参加激活计划，并在以后每6个月参加一次激活计划（除现金福利接受者）[①]，参加职业培训、职业教育、企业实习和岗位轮换等。

表5－2　领取失业保险的期限

	被动期限	主动期限
1993年	7年	
1994年1月1日	4年	3年
1996年1月1日	3年	3年
1998年1月1日	2年	3年
1999年1月1日	1.75年	3年
2000年1月1日	1.25年	3年
2001年1月1日	1年	3年
2003年1月1日		4年

资料来源：Torben M. Andersen.Flexicurity-the Danish labour market model.2006（4）. 6.

此外，金融危机引致丹麦政府债务危机，迫使政府进行福利制度改革。从2011年起，失业救济金的领取期限缩短为2年，并严格限制了领取条件，只有过去36个月至少工作6个月才能领取；重新获得失业救济金的资格由在过去的36个月内至少累计工作6个月变为累计工作12个月。

① Torben M. Andersen. “Flexicurity-the Danish labour market model”.2006，4，pp.6-9.

据统计，丹麦每年大约有 20% 的失业保险领取者和 40% 以上的现金福利领取者参加激活计划，而且随着失业人数的减少，参加激活计划的人数并没有减少。自 1994 年，参加激活计划的人数已经增加了一倍。激活计划对于失业者工作技能的提升和刺激失业者工作，起到了非常有益的作用。但是，激活计划的实施是非常昂贵的。在丹麦，随着参与人数的逐年增加，每年需要一定的花费用于维持积极劳动力市场政策的激活计划。

2. 积极劳动力市场政策支出

与其他 13 个欧盟国家相比，丹麦的积极劳动力市场政策支出占 GDP 的百分比从 2001—2011 年都是最高的，2011 年达到 2.3%，见附录 A 的表 7。以 2008 年为例，丹麦动用了 1.4% 的 GDP 实施积极劳动力市场政策，远远高于英国的 0.3%，成为了世界上最昂贵的劳动力市场政策。具体如图 5－10。

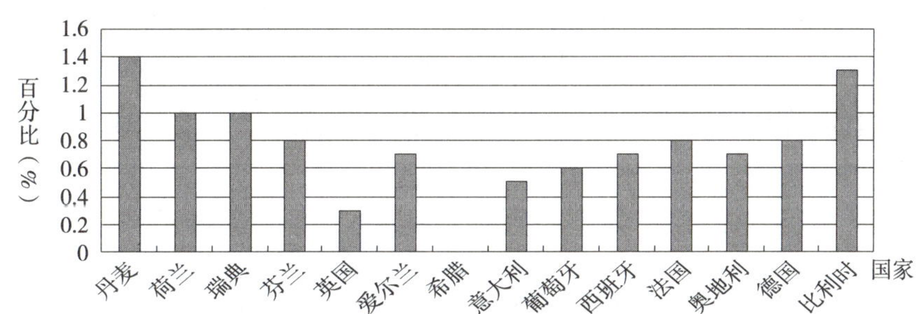

图 5－10　2008 年积极劳动力市场政策占 GDP 的百分比

资料来源：http://www.oecd-ilibrary.org/employment/public-expenditure-on-active-labour-market-policies_20752342-table9.

2001—2008 年，丹麦积极劳动力市场政策支出占 GDP 的百分比稍有下降。其中，用于岗位轮换与工作共享、直接创造工作岗位、创业激励的支出基本没有变化；用于公共就业服务与管理、支持就业与康复的支出有所上升，用于劳动力市场培训、就业激励的支出有所下降。但受金融危机影响，2009 年丹麦积极劳动力市场政策支出占 GDP 的百分比开始上升，如图 5－11。

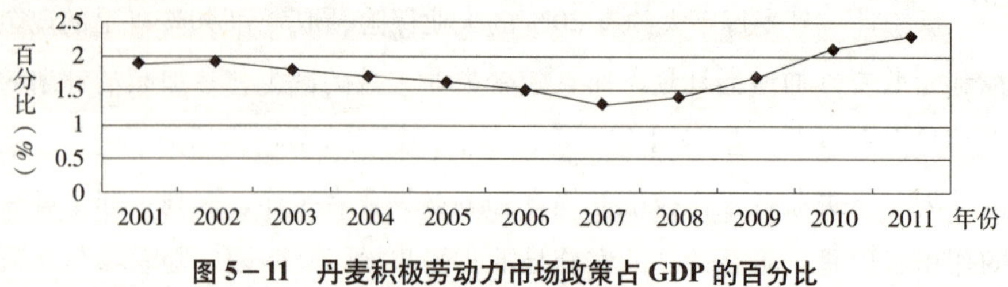

图 5－11　丹麦积极劳动力市场政策占 GDP 的百分比

资料来源：http://www.oecd-ilibrary.org/employment/public-expenditure-on-active-labour-market-policies_20752342-table9.

二、荷兰的运行机制

荷兰劳动力市场灵活保障模式的关键特点是非正规的、灵活的工作与其相应社会保障权利的结合，提供给临时机构就业劳动者充分的就业保护，给予其接受培训、工资保障和补充养老保险的权利。荷兰劳动力市场灵活保障模式的目标是在保留劳动力市场灵活性的同时将非典型工作标准化。因此，荷兰模式通常被简单描述为“非正规工作的正规化”（Visser，2002；Wilthagen，2007）。同时，荷兰劳动力市场灵活保障模式改变了传统的解雇法律法规系统，降低了对正规就业的解雇保护，同时给予了非正规就业更多的保护。

（一）外部数量灵活性：灵活的合同安排

荷兰外部数量灵活性的首要特点就是灵活、可靠的合同安排。荷兰存在大量的、不同形式的劳动合同，有部分时间工作合同、固定期限工作合同和临时工作合同[①]。从事部分时间工作、固定期限工作和临时工作的劳动者的收入都低于从事永久的、全部时间工作的劳动者。

1. 部分时间工作。在荷兰，部分时间工作被视为正常的、人们愿意接受的工作形式，而不是在寻找全时工作不成功时退而求其次才接受部分

① 为了行文方便，文中按照部分时间工作、固定期限工作、临时机构工作和“随叫随到”工作表述。

就业，有相当多的持有高资格证书的荷兰人自愿进行部分时间就业。部分时间工作在妇女中非常普遍，尽管从长期来看不利于其职业发展和工资提高，但她们可以在工作、照顾家庭和休闲三方面自由的选择；男性参加部分时间工作一般是其职业生涯刚开始、边学习边工作或临近退休时。荷兰已婚有孩子的家庭中，大部分选择男人做全职工作，妇女从事部分时间工作。部分时间工作广泛的分布于教育、医疗保健、社会部门和旅馆等部门。与其他 13 个欧盟国家相比，荷兰部分时间就业占全部就业的百分比位居首位。以 2012 年数据为例，荷兰部分时间就业占全部就业的百分比是 37.8%，远远高于欧盟其他 13 个国家的水平。具体情况，见附录 A 的表 8。

2. 固定期限工作。一般来说，高校毕业生在刚完成学业进入劳动力市场时经常从事固定期限工作，且妇女比男人更愿意从事固定期限合同就业。这种合同广泛的分布在商业部门和酒店、饮食业。根据荷兰法律，固定期限就业合同到期自动终止，没有通知期。

3. 临时机构工作。临时机构工作在 19 世纪末期迅速发展，大部分集中在工业部门，酒店、餐饮业和运输、贮存业。大部分男人、青年劳动者和那些受教育水平低的人很喜欢在临时机构工作。被临时工作机构雇佣的劳动者大部分是想通过在一定工作时间内与第三方签订就业合同为基础获得永久就业合同。

4. “随叫随到”工作。“随叫随到”工作形式更加灵活，从事这种就业关系的人群主要是没有固定工作时间，根据需要“随叫随到”的劳动者。这种工作主要存在于酒店、餐饮业以及其他服务行业。

此外，荷兰外部数量灵活性也表现在对非正规就业的保护政策严厉程度较低方面。在荷兰，虽然对总体就业保护政策的严厉程度比较高，但对临时就业的保护则比较宽松。

从对各种就业保护的具体情况来说，荷兰对正规就业的保护历来非常严厉，但也呈下降趋势，在 1994 年之前，仅次于葡萄牙和西班牙，在 2006 年之前，仅次于葡萄牙，在 2008 年之前，仅次于葡萄牙、德国和瑞典，2008—2013 年仅低于葡萄牙，见附录 A 的表 1 (b)；荷兰对临时就业的保护则比较宽松，并呈下降趋势，在 1992 年之前仅高于芬兰、奥地利、爱尔兰和英国，1999—2007 年，仅高于爱尔兰和英国，2008—2013 年，由于瑞典国家的调整，荷兰高于瑞典，见附录 A 的表 1 (c)；荷兰对集体解雇的保护程度则比较适中和稳定，2008 年以前高于芬兰、英国、爱尔兰、葡萄牙和法国，2008—2013 年，由于法国和荷兰的调整，高于芬兰、英国、爱尔兰、葡萄牙和荷兰，见附录 A 的表 1 (d)。荷兰各年就业保护政策严厉程度情况，如图 5－12。

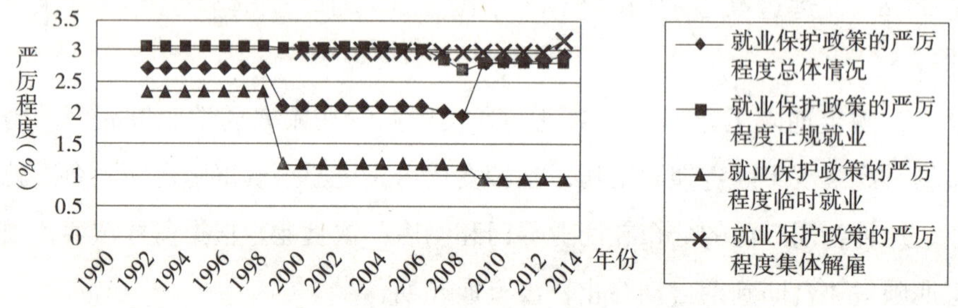

图 5－12　荷兰就业保护政策的严厉程度

资料来源：http://stats.oecd.org/Index.aspx?DatasetCode=LFS_SEXAGE_I_R.

以 2008 年数据为例，荷兰的总体就业保护政策严厉程度和常规就业保护政策严厉程度（1.95，2.72）均高于丹麦（1.5，1.63），而临时就业和集体解雇的保护政策严厉程度（1.19，3）则低于丹麦（1.38，3.13）。具体情况，如上文图 5－3 (a)、图 5－3 (b)、图 5－3 (c) 和图 5－3 (d)。

金融危机发生后，荷兰的就业保护政策严厉程度总体情况有所提高。荷兰（2.87）2012 年总体情况数据仅低于意大利（3.15）、葡萄牙（3.08）和德国（3.09）。

（二）内部数量灵活性：灵活的工作时间

荷兰的内部数量灵活性主要体现在 1996 年实施的《工作时间法》。该法案第三章的第 13 节是关于灵活工作时间的内容。按照规定，正常工作时间一天不能超过 8 小时，一周不能超过 40 小时；或者在不超过 52 周的时间内，平均周工作时间是40小时。经过双方同意，雇主可以根据本企业经营活动的具体情况调整工作时间；雇员也可以根据需要决定开始和结束每天工作的时间。当实行灵活的工作时间，正常的每天工作时间将要延长或缩短的时间不超过3小时，平均的周工作时间不能超过40小时，最大时间的积累也不能超过40小时。积累时间超过正常工作时间的话，雇主和雇员就可以同意减少过量积累的工作时间，而授予雇员正常的休息时间。

这个法案的设计是“协调和监管权力下放”的一种典型做法。通过这种“量身定做”的工作主要是给相关部门或企业留出自我调节的空间，避免僵硬的法律设计标准。很多部门一级的集体协议的合作伙伴已经遵循了“协调和监管权力下放”的做法，在工作时间和休息方面给予了企业和工作委员会灵活调节的空间。

（三）收入保障：昂贵的社会保障制度

荷兰的社会保障制度一直被认为是十分昂贵的，因为有很多人享受失业保障条例和残疾人保障条例带来的被动津贴收入。在1981—2007年的统计期间，荷兰失业保险的总替代率除了个别年份低于丹麦以外，基本都远远高于欧盟其他12个国家。各个国家比较数据如附录A的表3，荷兰1981年以来的平均总失业保险替代率，如图5－13所示。此外，荷兰失业保险的替代率也与失业者的收入水平、失业时间和家庭状况有密切联系，具体分析同丹麦，就不再赘述。

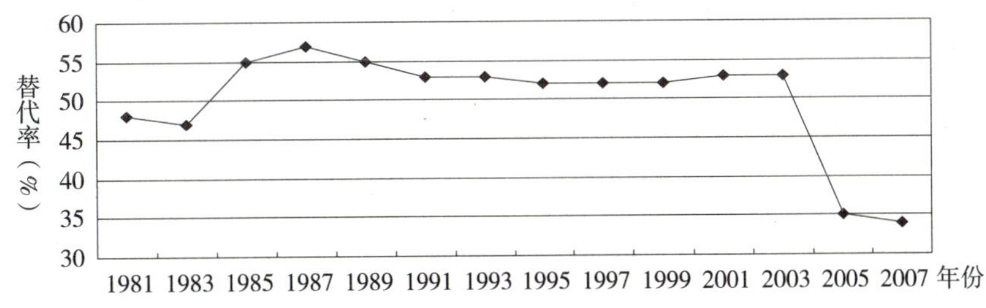

图5－13　荷兰平均总失业保险替代率

资料来源：http://www.oecd.org/document/3/0，3746，en_2649_34637_39617987_1_1_1_1，00.html.

以2008年数据为例，与其他13个欧盟国家相比，荷兰昂贵的社会保障制度支出占GDP的百分比为1.29，仅低于比利时（2.0）、西班牙（1.87）、芬兰（1.35）、爱尔兰（1.34）四个国家，如附录A的表6。2004—2008年，荷兰的被动措施支出① 也呈下降趋势，但是受到金融危机影响，2009年开始上升，到2012年仅低于爱尔兰、西班牙和比利时，如图5－14。由于昂贵的社会保障支出，荷兰的贫困风险率为11%②，在欧盟处于相当低的水平。

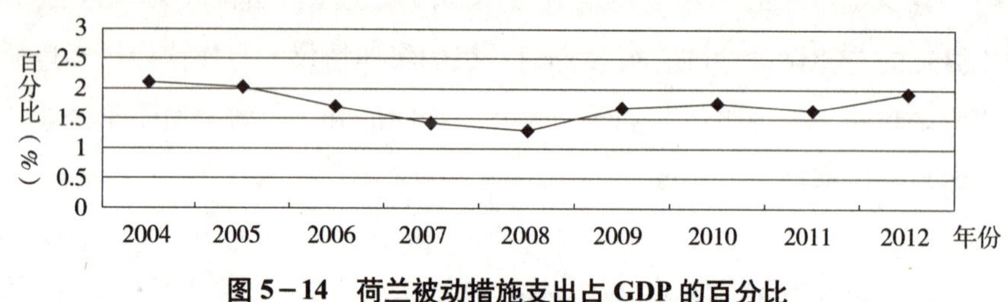

图5－14　荷兰被动措施支出占GDP的百分比

资料来源：http://stats.oecd.org/Index.aspx?DataSetCode=LMPEXP.

（四）工作保障：法律法规

如前所述，荷兰存在一个相当复杂的双重解雇法律系统，给予传统就业合同雇员严格的保护，而灵活就业劳动者，尤其是临时机构劳动者面临高水平的不安全。自20世纪90年代以来，荷兰就业和社会保护方面的劳动法律开始发展，意味着具有灵活就业关系的劳动者享有比以前更好的工作条件。根据灵活就业劳动者面对灵活性的类型不同，保障性分别从以下几个方面提供。

1. 对于部分时间就业。根据欧盟要求，所有成员国都必须实施平等对待部分时间就业和全部时间就业的国内法律。按照工作时间比例的原则通过法律广泛实施，改善了部分时间就业的工作条件和法律地位，尤其是

① 由于荷兰没有提前退休的支出，所以被动措施支出与前述社会保障支出一样。

② European Commission，“Towards Common Principles of Flexicurity:more and better jobs through flexibility and security”，2007，p.37.

在养老金和职业培训方面的进入资格。1996年11月1日荷兰实施的《禁止工作时间歧视法》，禁止雇主对于不同工作时间就业的歧视，雇主（包括公共部门）禁止按照工作时间的不同继续或终止合同，除非这种区分是公平的；2000年1月1日荷兰实施的《工作时间调整法》，代表了立法的高度，给予了雇员要求雇主调整他们工作时间的权利，包括调减和增加合同中的工作时间。

2. 对于固定期限就业。上述《禁止工作时间歧视法》和《工作时间调整法》两部法律同样适用于固定期限就业。此外，还有1999年实施的《灵活保障法案》。雇主很可能重续固定期限合同，如果固定期限合同签订36个月或更长时间，中间最多间断三个月，最后一个就业合同将被认定进入一个不确定的任期。法案实施后，固定期限合同数量增加，临时就业或“随叫随到”合同减少。大量固定期限合同转换成永久合同，固定期限合同常用于试用期。

3. 对于临时机构就业。对于临时机构就业、“随叫随到”就业等灵活就业，新的调节劳动力市场灵活性和保障性的方法于1995年由荷兰社会事务和就业部发布一份备忘录。之后，在劳动基金会的支持下，雇主和雇员开始起草灵活性和保障性的协议。雇主组织、工会和非盈利就业机构（START）就临时机构就业的法律地位达成协议，新的法律于1999年1月1日实施。从某种程度上讲，《灵活保障法案》使临时机构劳动者的地位有了很大的提高。工会和雇主组织同意对临时机构的集体协议给予一些宽容政策。在一些集体协议中，只要其工作时间达到法律规定，临时机构劳动者将取得固定期限或永久性合同的权利以及接受培训和养老金权利，而且在同一个企业工作26周以后，他们可以得到与企业雇员同样的工资。

4. 对于“随叫随到”就业。自从1999年《灵活保障法案》的实施，雇主要明确规定临时工作的时间。每周工作时间少于15小时，并且工作时间不固定；或者工作时间固定，雇员有权利在工作不到3小时的情况下，得到3小时的薪酬。

总之，1999年1月正式实行的《灵活保障法案》（The Flexibility and Security Act）得到了荷兰劳动力市场的认可，产生了巨大的适应性，是目前荷兰灵活保障政策的最优范例。灵活保障法案的主要内容，见表5－3。

表5－3 灵活保障法案的主要内容

灵活性	保障性
（1）原来6个月的解雇通知期缩短，一般是1个月，最长是4个月； （2）试用期基本保持两个月； （3）调整固定期限劳动合同：三个连续合同或者连续劳动合同的期限达到或超过3年，固定期限就业合同将转为长期就业合同； （4）简化公共就业服务解雇通知程序。	（1）加强非正规就业人员的法律地位（包括就业合同和工作时间）； （2）在某些情况下，"随叫随到"劳动者每次可以要求最低的三个小时的工资； （3）与临时就业机构签订的临时就业协议被认为是雇佣合同，只是在前26周有例外； （4）除非在集体劳工协议中规定终止，否则，该组织将继续有支付雇员与在雇佣组织雇员相同工作所得相同报酬的义务； （5）在解除合同情况下，法院法官必须检查是否存在禁止终止雇佣的契约。

总之，北欧模式的社会保障在欧盟国家中水平较高。通过慷慨的社会福利和实施积极的劳动力市场政策，给予了失业者充足的收入保障和就业保障，一定程度上避免了失业者陷入贫困状态。

第二节　盎格鲁—撒克逊模式代表国家的运行机制

总体上讲，盎格鲁—撒克逊模式具有较高水平的灵活性和较低水平的保障性。从灵活性角度讲，盎格鲁—撒克逊模式的就业保护政策的严厉程度非常低。从保障性角度讲，盎格鲁—撒克逊模式的平均总失业保险替代率较低，被动措施支出和积极劳动力市场政策支出都较低。盎格鲁—撒克逊模式较高的灵活性需要较高的保障性作为支撑，逐渐强化有针对性的就业保障。

一、英国的运行机制

英国是一个“自由主义”国家，面对20世纪80年代两位数的失业率，采取了一系列措施，试图通过改革劳动力市场来改进就业状况。英国是欧盟劳动力市场灵活性水平最高的国家，在追求劳动力市场外部数量灵活性和内部数量灵活性的同时，强调就业保障或工作保障，收入保障水平较低。

（一）外部数量灵活性

1. 就业保护政策严厉程度

20世纪90年代以来，英国就业保护政策严厉程度总体情况、正规就业、临时就业的数据都是最低的，集体解雇数据在不同年份仅比个别国家高。其中，2008年以前的集体解雇数据仅高于芬兰、法国、爱尔兰等国家，2009—2013年由于其他国家的调整使其高于芬兰、瑞典和葡萄牙等国家。具体情况，见附录A的表1 (a)、1 (b)、1 (c)、1 (d)。英国各年就业保护政策严厉程度情况，如图5－15。

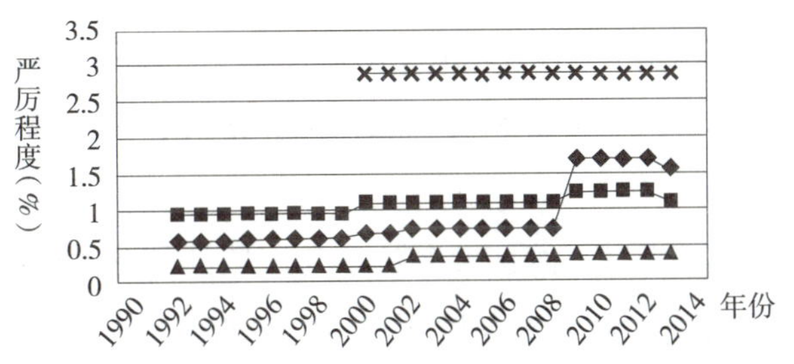

图5－15　英国就业保护政策的严厉程度

资料来源：http://stats.oecd.org/Index.aspx?DatasetCode=LFS_SEXAGE_I_R.

以2008年数据为例，英国总体就业保护政策严厉程度（0.75）、正规就业保护政策严厉程度（1.12）以及临时就业保护政策严厉程度（0.38）的数据都明显低于欧盟其他13个国家。具体情况，如上文图5－3 (a)、

图 5－3 (b)、图 5－3 (c) 和图 5－3 (d)。

金融危机发生后，英国的就业保护政策严厉程度有所提高。主要体现在总体情况数据和正规就业方面，临时就业和集体解雇数据没有改变。但是，英国就业保护政策严厉程度仍然是同时期最低的。2012 年总体情况（1.68）、正规就业（1.25）、临时就业（0.38）数据都是同时期最低的，集体解雇数据仅高于芬兰、瑞典和葡萄牙。

2. 平均工作任期

英国雇员的平均工作任期很短，在 2000—2005 年间，英国数据是最低的，甚至低于前述的丹麦；在 2006—2013 年间，丹麦平均工作任期最短，英国位居第二。具体情况，见附录 A 的表 2。以 2008 年数据为例，英国雇员的平均工作任期 8.8 年，仅高于丹麦的 7.9 年。具体情况，如上文图 5－4。

（二）内部数量灵活性

英国的部分时间就业、临时就业和自雇用就业发展迅速，规模较大。英国历年部分时间就业占总就业的百分比都很高，大约在 20% 以上，仅低于同时期的荷兰。以 2008 年数据为例，英国部分时间就业占总就业的百分比是 23.0%，仅低于荷兰的 36.1%。金融危机爆发后，英国部分时间就业比例开始上升，2012 年仅低于荷兰和爱尔兰。具体情况，见附录 A 的表 8。

英国妇女的劳动力参与率较高，而且大多都参与短期的部分时间工作。为了更好地平衡工作与家庭，特别是与照顾孩子之间的关系，英国允许灵活的工作时间。从 2003 年 4 月开始，家中有 6 岁以下孩子或 18 岁以下残疾孩子的父母，都享有灵活工作时间的权利①。

---

① European Commission，"Towards Common Principles of Flexicurity:more and better jobs through flexibility and security"，2007，p.23.

（三）工作保障

为了保障残疾人和妇女的公平待遇，英国于1995年制订了消除职业隔离和就业歧视的法规，如《禁止性别歧视法》和《同酬法》等，要求企业同工同酬，平等对待。1999年1月，政府向议会提交的《雇佣关系法草案》规定，贸易大臣有权认定歧视行为并制定相应的整改措施。

（四）收入保障

在欧盟国家中，英国的被动措施支出一直是最低的。以2008年为例，英国的被动措施支出仅为0.2%，在欧盟国家中最低。而英国的平均总失业保险替代率也仅稍微高于希腊。以2007年为例，英国平均总失业保险替代率为15%，仅高于同时期希腊的13%。具体情况，见附录A的表3和表6。

（五）就业保障

为了消除失业和贫困现象，英国进行了全国最低工资制度改革，实施了工作家庭税收信贷计划，同时还实施了积极的劳动力市场政策。英国的积极劳动力市场政策主要包括公共就业服务与管理、劳动力市场培训、支持就业与康复、就业激励。其中，支出比例最大的是公共就业服务与管理，其次是劳动力市场培训，用于支持就业与康复、就业激励的支出则很少。2001年以来，英国积极劳动力市场政策支出占GDP的百分比都是最低的，见附录A的表7。以2008年为例，英国的积极劳动力市场政策支出仅为0.3%，远远低于丹麦的1.4%。具体情况，如上文图5－10。

2001—2008年，英国积极劳动力市场政策支出占GDP的百分比呈先升后降的趋势，如图5－16。其中，用于支持就业与康复、就业激励的支出没有变化；主要是用于公共就业服务与管理、劳动力市场培训的支出有所下降。

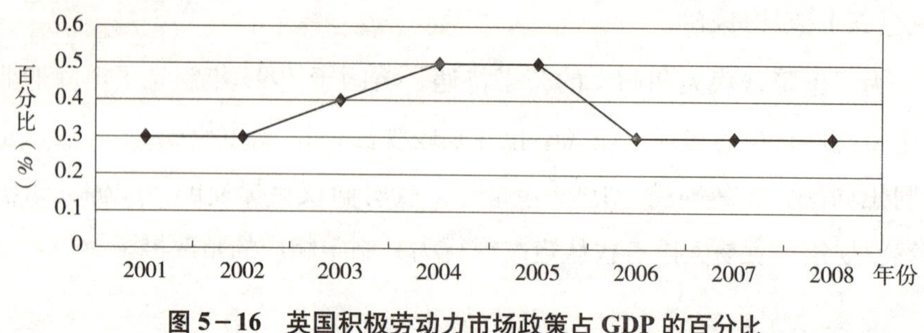

图 5－16　英国积极劳动力市场政策占 GDP 的百分比

资料来源：http://www.oecd-ilibrary.org/employment/public-expenditure-on-active-labour-market-policies_20752342-table9。

此外，作为积极劳动力市场政策的组成部分，英国于 1998 年实施了新政计划。具体包括新政青年计划、新政长期失业者计划、新政单亲父母计划、新政残疾人计划和新政失业者配偶计划。尤其是新政青年计划、新政长期失业者计划、新政单亲父母计划，具有极强的针对性，有效提升了参与者的就业能力，提高了劳动力参与率，降低了失业率。

二、爱尔兰的运行机制

近些年，爱尔兰已经克服了高失业和低经济增长状况，从失业高、收入低、发展慢发展成为失业低、收入高、增长快的状况。爱尔兰是欧盟劳动力市场灵活性水平很高的国家，主要有外部数量灵活性、内部数量灵活性；劳动力市场保障性则强调就业保障，收入保障水平较低。

（一）外部数量灵活性

1. 就业保护政策严厉程度

20 世纪 90 年代以来，爱尔兰就业保护政策严厉程度总体情况、正规就业、临时就业的数据都位居第二，仅高于同时期的英国；集体解雇数据大部分位居第三，仅高于葡萄牙和法国，2009—2013 年有所上升。具体情况，见附录 A 的表 1 (a)、1 (b)、1 (c)、1 (d)。爱尔兰各年就业保护

政策严厉程度情况，如图 5－17。

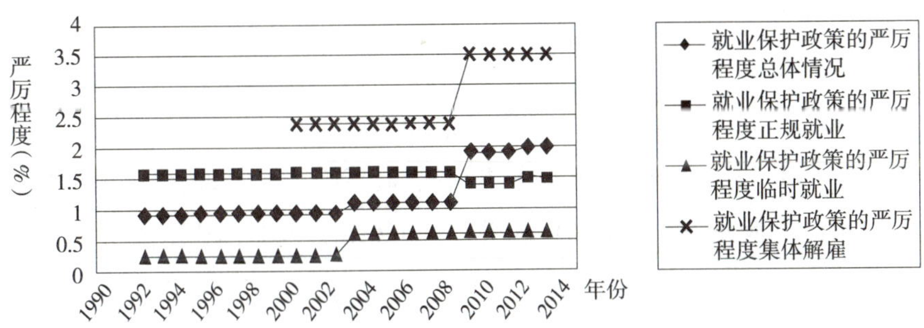

图 5－17　爱尔兰就业保护政策的严厉程度

资料来源：http://stats.oecd.org/Index.aspx?DatasetCode=LFS_SEXAGE_I_R.

以 2008 年数据为例，爱尔兰总体就业保护政策严厉程度（1.11）、正规就业保护政策严厉程度（1.6）以及临时就业保护政策严厉程度（0.63）都明显低于英国以外的其他欧盟国家。具体情况，如上文图 5－3（a）、图 5－3（b）、图 5－3（c）和图 5－3（d）。

金融危机后，爱尔兰就业保护政策严厉程度有所提高，但在欧盟其他 13 个国家中基本还是很低的。以 2012 年为例，总体情况、正规就业和临时就业数据仅高于英国，集体解雇数据相对适中。

2. 平均工作任期

爱尔兰雇员的平均工作任期较短，在 2000—2010 年间，除个别年份高于荷兰以外，一般都是仅高于丹麦和英国。2011 年、2012 年还高于瑞典和芬兰。具体情况，见附录 A 的表 2。以 2008 年数据为例，爱尔兰雇员的平均工作任期 9.6 年，仅高于丹麦的 7.9 年和英国的 8.8 年。如上文图 5－4。

（二）内部数量灵活性

爱尔兰的部分时间工作发展迅速，有助于就业增长。爱尔兰历年部分时间就业占总就业的百分比呈逐年增长的趋势，一般都在 20% 左右，仅低于同时期的荷兰、英国等国家，2010—2012 年仅低于荷兰。以 2009 年数据为例，爱尔兰部分时间就业占总就业的百分比是 23.7%，仅低于荷兰的 36.7% 和英国的 23.9%。具体情况，见附录 A 的表 8。

（三）收入保障

在欧盟国家中，爱尔兰的被动措施支出一直处于中间水平，但从 2008 年开始，被动措施支出水平逐渐提高。2008 年仅低于同时期的比利时（2.0%）、西班牙（1.87%）和芬兰（1.35%），2011 年仅低于西班牙；爱尔兰的平均总失业保险替代率一直处于偏低的水平，但 2007 年的平均总失业保险替代率（37%）较高，仅低于同时期的丹麦（48%）、比利时（40%）和法国（39%）。具体情况，见附录 A 的表 3 和表 6。

（四）就业保障

爱尔兰实施的积极劳动力市场政策主要包括公共就业服务与管理、劳动力市场培训、就业激励、支持就业与康复、直接创造工作岗位。其中，支出比例最大的是劳动力市场培训，其次是直接创造工作岗位和公共就业服务与管理，其他的方面所占比例较小。

2001 年以来，爱尔兰积极劳动力市场政策支出占 GDP 的百分比都是中等偏低水平，见附录 A 的表 7。以 2008 年为例，爱尔兰的积极劳动力市场政策支出为 0.7%，低于丹麦的 1.4%。具体情况，如上文图 5－10。2001—2010 年，爱尔兰积极劳动力市场政策支出占 GDP 的百分比有稳中上升的趋势，如图 5－18。其中支持就业和康复比例没有变化。

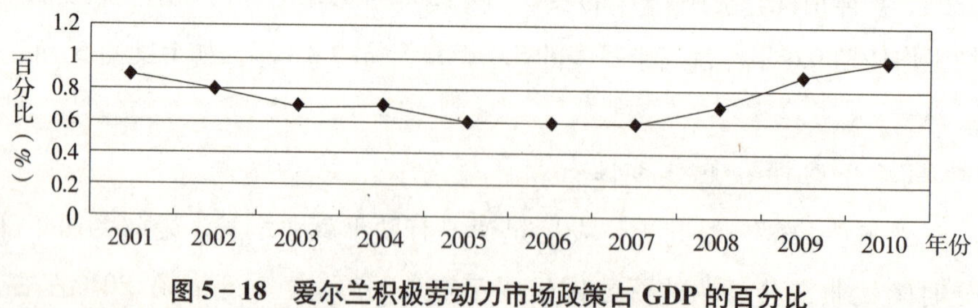

图 5－18　爱尔兰积极劳动力市场政策占 GDP 的百分比

资料来源：http://www.oecd-ilibrary.org/employment/public-expenditure-on-active-labour-market-policies_20752342-table9.

爱尔兰的教育投资水平较低，尤其是对老龄雇员的投资；终身学习的参与率较低，保障低技术水平雇员和老龄雇员就业存在困难。但2006年，社会伙伴之间通过了所谓“面向2016”的协议，旨在提高长期失业者、青年失业者和远离劳动力市场者的工作技能①。同时，爱尔兰很重视社会伙伴之间的合作。2005年，爱尔兰社会伙伴之间就劳动力市场、就业政策、教育、培训、社会安全和企业发展等问题进行合作，以应对知识社会的不断变化和革新。爱尔兰的公共就业服务机构也像丹麦、荷兰等国家一样，实行权力下放和地方化、私有化，提高了工作效率。

总之，盎格鲁—撒克逊模式的社会保障在欧盟国家中水平较低。虽然这些国家试图避免贫困，但是一般要通过参加更多的职业或私人保险才能获得。因此，这些国家并不强制实行更灵活的劳动力市场。因为劳动力市场越灵活，就有更多人需要享受社会福利。

第三节　地中海模式代表国家的运行机制

总体上讲，地中海模式具有较低水平的灵活性和较低水平的保障性。从灵活性角度讲，地中海模式的就业保护政策的严厉程度相对较高。从保障性角度讲，地中海模式的平均总失业保险替代率较低，被动措施支出和积极劳动力市场政策支出都较低。地中海模式通过较低的灵活性和较低的保障性达到了一种平衡。

一、西班牙的运行机制

西班牙具有二元分割的劳动力市场，针对不同雇员有不同水平的灵活性和保障性。与荷兰相似，西班牙核心或一般雇员等内部人享受较高水

① Elke Viebrock and Jochen Clasen，“Flexicurity and welfare reform: a review”，2009.

平的工作保障；外部人则面临较高水平的外部数量灵活性，劳动合同和工作安排具有多样性（Valdés Dal-Ré，2004）。西班牙外部数量灵活性水平较低的同时，收入保障水平较高，就业保障水平较低。

（一）外部数量灵活性

1. 就业保护政策严厉程度

近年来，西班牙的就业保护政策严厉程度总体情况、正规就业、临时就业、集体解雇的数据基本都是中等偏上水平。具体情况，见附录A的表1 (a)、1 (b)、1 (c)、1 (d)。西班牙各年就业保护政策严厉程度情况，如图5－19。

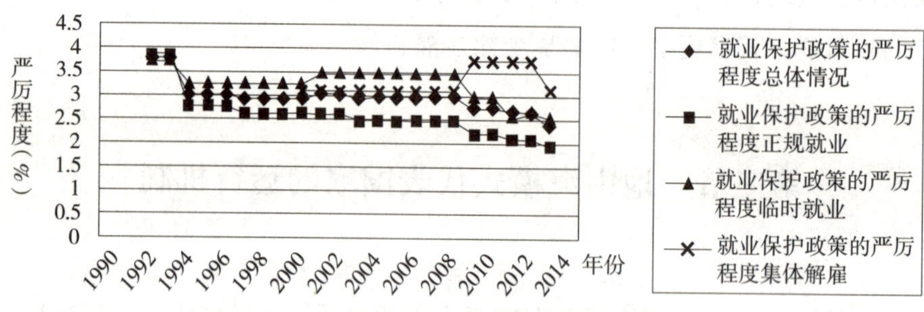

图5－19　西班牙就业保护政策的严厉程度

资料来源：http://stats.oecd.org/Index.aspx?DatasetCode=LFS_SEXAGE_I_R.

以2008年数据为例，西班牙总体就业保护政策严厉程度（2.98）位居第三，仅低于葡萄牙（3.15）和法国（3.05）；临时就业保护政策严厉程度（3.5），仅低于法国（3.63）；正规就业保护政策严厉程度（2.46）以及集体解雇保护政策严厉程度（3.13）的水平居中。具体情况，如上文图5－3 (a)、图5－3 (b)、图5－3 (c) 和图5－3 (d)。

金融危机发生后，西班牙就业保护政策总体情况、临时就业、正规就业数据都有明显下降趋势，但与同时期其他13个欧盟国家相比保护程度仍然较高；集体解雇数据有明显上升趋势，仅低于同时期的比利时。

2. 平均工作任期

西班牙雇员的平均工作任期较短，在2000—2008年间，除个别年份高于荷兰以外，一般都是仅仅高于丹麦、英国和爱尔兰。2009—2013年西班牙平均工作任期开始延长。具体情况，见附录A的表2。以2008年数据为例，西班牙雇员的平均工作任期9.7年，仅高于丹麦（7.9年）、英国（8.8年）和爱尔兰（9.6年）。具体情况，如上文图5－4。

（二）工作保障

在西班牙，重点发展的是固定时间工作，固定期限合同占总就业合同的34%。固定期限合同产生了工作的高转换率，减少了雇主和雇员对人力资本投资的刺激。在2006年5月，社会伙伴之间就签订了一个减少过多使用固定期限合同的协议。自此，与同一个企业签订两个或更多个固定期限合同，并且在30个月内在同一岗位工作了24个月，将自动获得一个开放式合同①。通过开放式合同的刺激，可以减少临时工作的转换率，有利于保护妇女、青年、残疾人以及长期失业者。

（三）收入保障

2004—2007年，西班牙的被动措施支出在欧盟国家中处于中等水平，而西班牙的平均总失业保险替代率一直处于中间水平。2008年，西班牙的被动措施支出（1.87%）水平较高，仅低于同时期的比利时（2.0%）。尤其是2009—2011年，为缓解就业压力，西班牙的被动措施支出远远超过同时期其他国家水平。具体情况，见附录A的表3和表6。

（四）就业保障

西班牙实施的积极劳动力市场政策主要包括公共就业服务与管理、

① European Commission，“Towards Common Principles of Flexicurity:more and better jobs through flexibility and security”，2007，p.17.

劳动力市场培训、岗位轮换与工作共享、就业激励、支持就业与康复、直接创造工作岗位、创业激励。其中，支出比例最大的是就业激励，其次是劳动力市场培训和公共就业服务与管理，其他的方面所占比例较小。

2001 年以来，西班牙积极劳动力市场政策支出占 GDP 的百分比都是中等偏低水平，见附录 A 的表 7。以 2008 年为例，西班牙的积极劳动力市场政策支出为 0.7%，低于丹麦的 1.4%。具体情况，如上文图 5－10。2001—2008 年，西班牙积极劳动力市场政策支出占 GDP 的百分比一直很稳定，基本没有变化，2009—2011 年有上升趋势，如图 5－20。其中，用于支持岗位轮换和工作共享的比例没有变化，其他的支出都有所变化。

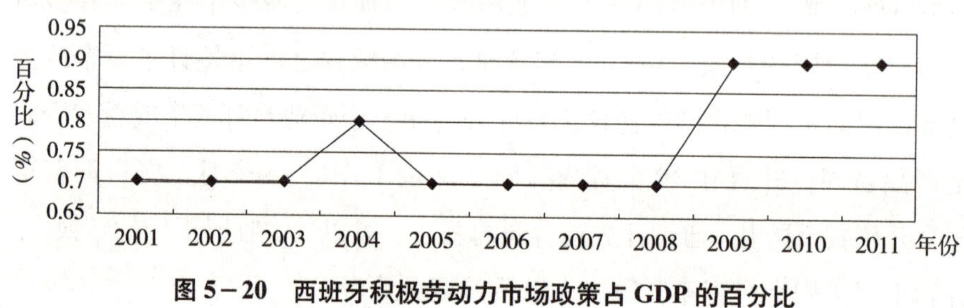

图 5－20　西班牙积极劳动力市场政策占 GDP 的百分比

资料来源：http://www.oecd-ilibrary.org/employment/public-expenditure-on-active-labour-market-policies_20752342-table9.

二、意大利的运行机制

近些年，意大利的灵活工作时间计划和集体协议水平都有所增加。意大利的工会密度在地中海模式的四个国家中是最高的（33.4%），大多数劳动力市场改革方针的制定都通过集体谈判。企业代表达成的“联合管制自由职业者”协议，就增强了雇员接受培训和保障的权利。意大利是欧盟劳动力市场灵活性水平中等偏低的国家，收入保障和就业保障水平也较低。

（一）外部数量灵活性

1. 就业保护政策严厉程度

近年来，意大利的就业保护政策严厉程度总体情况、正规就业、临时就业数据基本都是中等偏上水平，集体解雇保护政策严厉程度很高；受金融危机影响，2009 年以来的就业保护政策严厉程度加强。具体情况，见附录 A 的表 1 (a)、1 (b)、1 (c)、1 (d)。意大利各年就业保护政策严厉程度情况，如图 5－21。

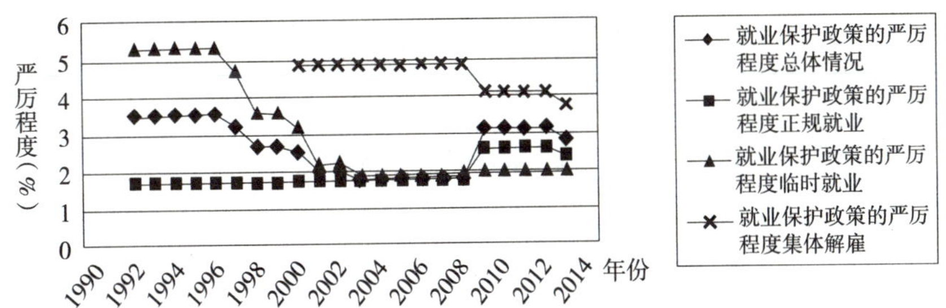

图 5－21　意大利就业保护政策的严厉程度

资料来源：http://stats.oecd.org/Index.aspx?DatasetCode=LFS_SEXAGE_I_R.

以 2008 年数据为例，意大利总体就业保护政策和正规就业保护政策严厉程度（1.89，1.77），高于部分国家水平，但在地中海模式以及大陆模式中是最低的；临时就业保护政策严厉程度（2.0）是中等偏高水平；集体解雇保护政策严厉程度（4.88）一直是最高的。具体情况，如上文图 5－3 (a)、图 5－3 (b)、图 5－3 (c) 和图 5－3 (d)。

金融危机发生后，意大利就业保护政策总体情况、正规就业、临时就业数据明显提高，集体解雇数据有部分下降。具体来讲，2009—2011 年总体情况仅次于葡萄牙，2012 年达到最高；2012 年集体解雇数据仅次于比利时；其他方面数据都处于中等偏高水平。

2. 平均工作任期

意大利雇员的平均工作任期较长，在 2000—2013 年间，除个别年份高于葡萄牙以外，一般都低于葡萄牙和希腊，位居第三。具体情况，见附录 A 的表 2。以 2008 年数据为例，意大利雇员的平均工作任期 12.1 年，仅低于葡萄牙（12.8 年）和希腊（13.2）。具体情况如上文图 5－4。

（二）收入保障

近几年，意大利的被动措施支出在欧盟国家中处于较低的水平。以2008年为例，意大利的被动措施支出（0.81%），仅高于同时期的英国（0.2%）、瑞典（0.45%）和希腊（0.47%）。但2009年以来，意大利的被动措施支出有所提高。2011年数据还高于葡萄牙、奥地利和德国。而意大利的平均总失业保险替代率一直处于中间偏低水平。具体情况，见附录A的表3和表6。

意大利不存在普遍的、最低的全民保障，只有老年人和失业者才可以依赖保险系统，其他人主要受益于依赖税收支持的全民保健系统。保险系统虽然减少了大部分灵活就业和不太健康人群的部分问题，但在很多情况下，这些还是不够的。

（三）就业保障

意大利实施的积极劳动力市场政策主要包括公共就业服务与管理、劳动力市场培训、就业激励、直接创造工作岗位、创业激励。其中，支出比例最大的是劳动力市场培训和就业激励，其次是公共就业服务与管理和创业激励，其他的方面所占比例较小。

2001年以来，意大利积极劳动力市场政策支出占GDP的百分比都是较低的，见附录A的表7。以2008年为例，意大利的积极劳动力市场政策支出为0.5%，仅高于同时期的英国（0.3%）。具体情况，如上文图5－10。2001—2011年，意大利积极劳动力市场政策支出占GDP的百分比稳中有降。

另外，意大利于2000年向适合从事自雇用就业的人员提供一定的开业贷款，并提供专门培训，对其创业计划进行可行性论证，以帮助其实现自雇用就业。

总之，地中海模式的社会保障水平在欧盟国家相对适中。与其他欧盟国家相比，家庭在社会保障系统中起着非常重要的作用。这些国家的出生率下降，使得大部分妇女有机会参加部分时间工作，这在很大程度上对福利保障起到重要作用。

第四节　大陆模式代表国家的运行机制

总体上讲，大陆模式具有较低水平的灵活性和较高水平的保障性。从灵活性角度讲，大陆模式的就业保护政策的严厉程度相对较高。从保障性角度讲，大陆模式的平均总失业保险替代率较高，被动措施支出和积极劳动力市场政策支出都较高。大陆模式较高的保障性需要对应有较高的灵活性，在逐渐降低保障性的同时强化灵活性。

一、德国的运行机制

20 世纪 70 年代以来，面对持续的高失业率，德国进行了一系列的改革。德国的劳动力市场具有一般水平的内部、外部数量灵活性和较高的收入、就业保障性。

（一）外部数量灵活性

1. 就业保护政策严厉程度

近年来，德国的就业保护政策严厉程度总体情况中等偏高水平。具体来说，正规就业、集体解雇保护政策严厉程度很高，临时就业保护政策严厉程度较低。具体情况，见附录 A 的表 1 (a)、1 (b)、1 (c)、1 (d)。德国各年就业保护政策严厉程度情况，如图 5－22。

以 2008 年数据为例，德国总体就业保护政策严厉程度（2.12），低于同时期的希腊（2.73）、葡萄牙（3.15）、西班牙（2.98）、法国（3.05）和比利时（2.18）；正规就业保护政策严厉程度（3.0），仅低于葡萄牙（4.17）；临时就业保护政策严厉程度（1.25）较低；集体解雇保护政策严厉程度（3.75），仅低于意大利（4.88）和比利时（4.13）。具体情况，如上文图 5－3 (a)、图 5－3 (b)、图 5－3 (c) 和图 5－3 (d)。

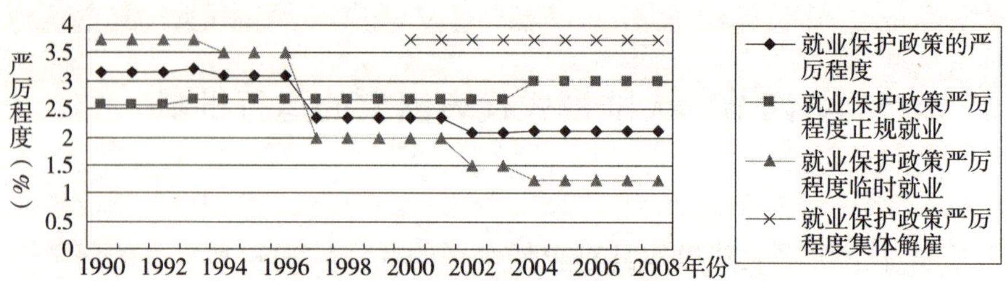

图 5－22　德国就业保护政策的严厉程度

资料来源：http://stats.oecd.org/Index.aspx?DatasetCode=LFS_SEXAGE_I_R.

受金融危机影响，2009—2013 年德国总体就业保护政策严厉程度呈上升趋势，但正规就业、临时就业、集体解雇数据都呈下降趋势。以 2012 年为例，总体就业数据仅低于意大利，正规就业仅低于荷兰、意大利，集体解雇数据仅低于意大利、西班牙和比利时。可见，金融危机下德国的就业保护政策还是很严厉，灵活性较差。

2. 平均工作任期

德国雇员的平均工作任期较长，在 2000—2013 年间，除个别年份以外，一般仅低于希腊、比利时、法国、葡萄牙、意大利等国家。具体情况，见附录 A 的表 2。以 2008 年数据为例，德国雇员的平均工作任期 11.1 年，仅低于希腊（13.2 年）、葡萄牙（12.8 年）、比利时（12.1 年）、法国（11.7 年）、意大利（12.1 年）。具体情况，如上文图 5－4。

（二）内部数量灵活性

德国的部分时间工作比较发达，2002—2008 年部分时间就业占全部就业百分比很高，仅低于同时期的荷兰和英国，2009—2012 年又低于爱尔兰等国家。为了鼓励已婚夫妇积极参与劳动力市场，德国实施了父母离开计划（Parental Leave Schemes），在提高低龄孩子公共育儿覆盖率的基础上，允许每个孩子的父母离开劳动力市场，最高达三年①。德国采取大

① Ute Klammer，“Flexicurity schemes”，2005.

量的措施给予雇员最大程度的工作时间灵活性。在德国，大约有40%的雇员加入从全部时间转换成部分时间工作或减少工作时间的系统。并且，工作时间可以一定程度上累计或折换成现金，参加者有权要求休假或提前退休。

（三）收入保障

近几年，德国的被动措施支出在欧盟国家处于中等偏低水平，2009年上升后2011年又呈下降趋势。以2008年为例，德国的被动措施支出（1.1%），仅高于同时期的英国（0.2%）、瑞典（0.45%）、希腊（0.47%）、意大利（0.81%）和葡萄牙（0.99%）。而德国的平均总失业保险替代率一直处于中间偏低水平。具体情况，见附录A的表3和表6。

在失业金领取期限方面，德国区分一类失业金和二类失业金。领取一类失业金的期限到期还没有找到工作的失业者，可以领取二类失业金。但是，领取期限也在逐渐缩短，从最多领取32个月到12个月（55岁以上领取18个月）；而且领取失业金需要一定的前提条件，即失业者必须积极参加就业，主动的寻找工作，接受灵活就业和职业培训①。

（四）就业保障

德国实施的积极劳动力市场政策主要包括公共就业服务与管理、劳动力市场培训、就业激励、支持就业与康复、直接创造工作岗位、创业激励。其中，支出比例最大的是公共就业服务与管理、劳动力市场培训。2001—2011年德国积极劳动力市场政策支出占GDP的百分比都较高，仅低于丹麦、瑞典、荷兰、比利时等国家，见附录A的表7。以2008年为例，德国的积极劳动力市场政策支出为0.8%，仅低于北欧模式国家和比利时（1.3%）。具体情况，如上文图5－10。2001—2011年，德国积极劳动力市场政策支出占GDP百分比呈先降后升的趋势，如图5－23。

德国的教育体系非常完备，尤其是学徒教育。由于可以参加企业实

① 朱玲：《促进就业：德国劳动力市场改革》，《中国工业经济》2008年第3期。

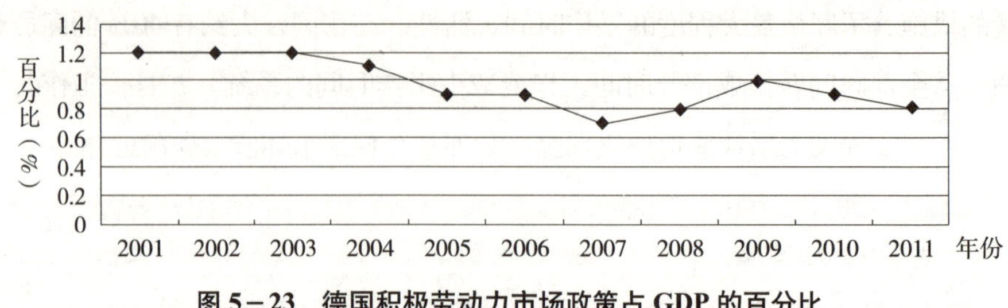

图 5－23　德国积极劳动力市场政策占 GDP 的百分比

资料来源：http://www.oecd-ilibrary.org/employment/public-expenditure-on-active-labour-market-policies_20752342-table9.

践，大多数青年都选择学徒教育，为缓解青年失业起到重要作用。德国也非常重视职业培训，为了使每一个失业者都能及时得到培训，要求每一个失业者在失业后三天内必须进行失业登记，以便获得培训的帮助。

此外，2002 年德国成立的哈茨委员会先后制定了四个改革方案，成为反映德国劳动力市场灵活保障运行机制的核心内容。其中的主要措施有以下几个方面：①为失业者提供自雇用就业的资金支持。资助资金的数量取决于失业救济金和社会保险的数量，按照以后三年逐年递减的方式提供，并且要求自雇用就业的年收入不能超过 25000 欧元。②成立私人中介服务机构（PSA）。在灵活性方面，它废除了临时工作机构的一些制度，如临时工作合同的时间限制，并引入了竞争机制，增加了失业者的选择；在保障性方面，引入了临时工作的集体协议，以提高企业雇员的安全。③管制边缘就业（即微型和中型工作）。这种就业形式具有成本低且灵活性强的特点，对处理工作高峰期和延长开放工作时间很有利。这种工作的收入最高每月 400 欧元，雇员免除纳税和缴纳社会保险的义务，根据受雇期限，由雇主为其一次性缴纳养老和医疗保险。④实施老龄雇员的工资保险，以暂时弥补老龄雇员的工资损失。随着结构的调整和个人生产能力的下降，转换工作成为必然，尤其是老龄雇员面临更多的收入损失①。

① Janine Leschke、Günther Schmid、Dorit Griga，“On the Marriage of Flexibility and Security:Lessons from the Hartz-reforms in Germany”，2006，pp.7-18.

二、法国的运行机制

面对严峻的失业问题，法国政府也不遗余力地进行劳动力市场改革。法国劳动力市场具有内部、外部数量灵活性和较高的保障性。

（一）外部数量灵活性

1. 就业保护政策严厉程度

近年来，法国的就业保护政策严厉程度总体情况、正规就业、临时就业数据都很高；只有集体解雇保护政策严厉程度很低。具体情况，见附录 A 的表 1（a）、1（b）、1（c）、1（d）。法国各年就业保护政策严厉程度情况，如图 5－24。

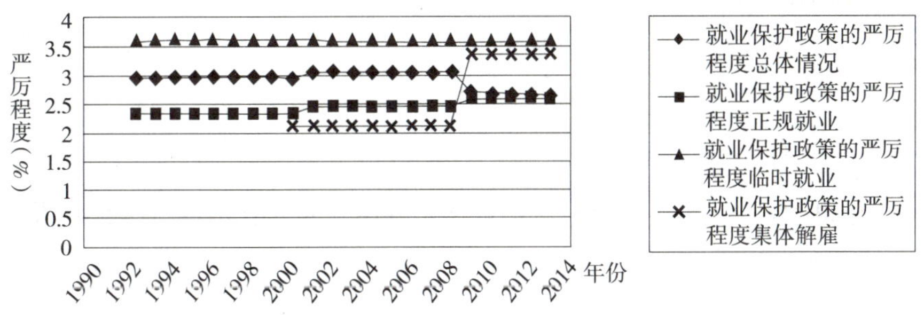

图 5－24　法国就业保护政策的严厉程度

资料来源：http://stats.oecd.org/Index.aspx?DatasetCode=LFS_SEXAGE_I_R.

以 2008 年数据为例，法国总体就业保护政策严厉程度（3.05），仅低于同时期的葡萄牙（3.15）；正规就业保护政策严厉程度（2.47），仅低于葡萄牙（4.17）、德国（3.0）、瑞典（2.86）和荷兰（2.72）；临时就业保护政策严厉程度（3.63）最高；集体解雇保护政策严厉程度（2.13）最低。具体情况，如图 5－3（a）、图 5－3（b）、图 5－3（c）和图 5－3（d）。

但是，为了克服就业保护过于严厉带来的企业招工不足问题，法国进行了劳动力市场灵活化改革，于 2005 年和 2006 年分别出台了《新就业法案》和《机会平等法》，规定符合条件的情况下，企业可以无需任何理由解雇雇员。

金融危机发生后，法国就业保护政策总体情况数据开始下降，正规就业数据上升，临时就业数据不变，集体解雇数据上升。以2012年数据为例，法国就业保护政策总体情况低于意大利、葡萄牙、比利时、德国和荷兰；正规就业数据仅低于荷兰、葡萄牙和德国，临时就业数据同时期最高，集体解雇数据仅低于西班牙、意大利、爱尔兰、德国和比利时。

2. 平均工作任期

法国雇员的平均工作任期较长，在2000—2013年间，除个别年份以外，一般仅低于希腊、比利时、葡萄牙、意大利等国家。具体情况，见附录A的表2。以2008年数据为例，法国雇员的平均工作任期11.7年，仅低于希腊（13.2年）、葡萄牙（12.8年）、比利时（12.1年）和意大利（12.1年）。具体情况，如上文图5－4。

（二）内部数量灵活性

从20世纪80年代开始，法国就试图缩减法定工作时间，最终每周法定工作时间为35小时。法国的各种就业方式得到了快速发展，还实行了部分时间工作制，雇员可以在每天、每周甚至每年内灵活安排工作。

（三）收入保障

近几年，法国的被动措施支出在欧盟国家处于中等偏高水平，2009年后呈上升趋势。以2008年为例，法国的被动措施支出（1.17%），仅高于同时期的英国（0.2%）、瑞典（0.45%）、希腊（0.47%）、意大利（0.81%）和葡萄牙（0.99%）等七个国家。而法国的平均总失业保险替代率一直处于较高水平。以2007年为例，法国的平均总失业保险替代率（39%），仅低于同时期的丹麦（48%）和比利时（40%）。具体情况，见附录A的表3和表6。近年来，法国平均总失业保险替代率情况，如图5－25。

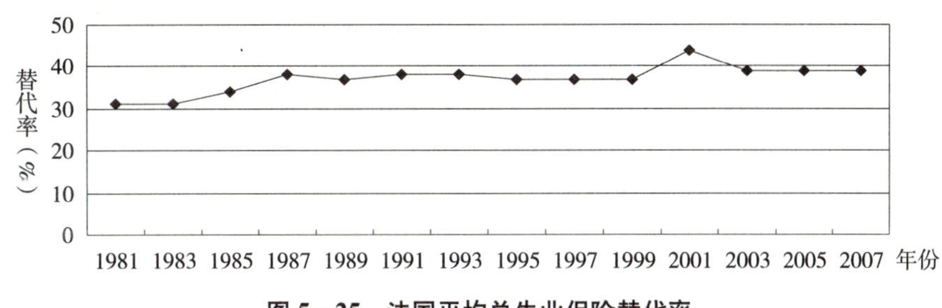

图 5－25　法国平均总失业保险替代率

资料来源：http://www.oecd.org/document/3/0，3746，en_2649_34637_39617987_1_1_1_1，00.html.

（四）就业保障

法国实施的积极劳动力市场政策主要包括公共就业服务与管理、劳动力市场培训、就业激励、支持就业与康复、直接创造工作岗位、创业激励。其中，支出比例最大的是劳动力市场培训和公共就业服务与管理。2001—2011 年法国积极劳动力市场政策支出占 GDP 的百分比都较高，见附录 A 的表 7。以 2008 年为例，法国的积极劳动力市场政策支出为 0.8%，仅低于北欧模式国家和比利时（1.3%）。具体情况，如上文图 5－10。2001—2011 年，法国积极劳动力市场政策支出占 GDP 的百分比呈先下降后上升的趋势，如图 5－26。

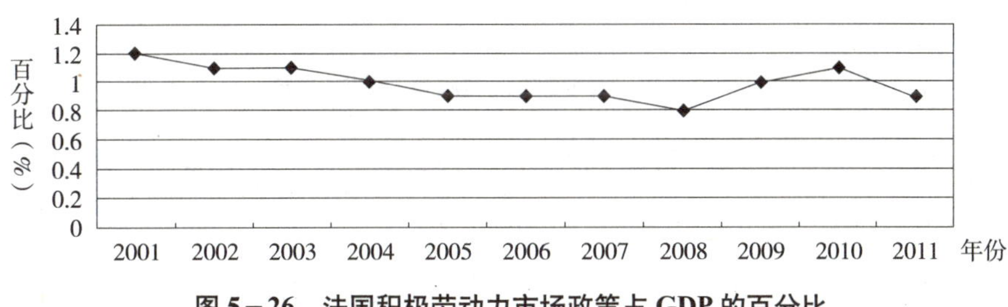

图 5－26　法国积极劳动力市场政策占 GDP 的百分比

资料来源：http://www.oecd-ilibrary.org/employment/public-expenditure-on-active-labour-market-policies_20752342-table9.

此外，法国有针对性地提出了青年就业、高龄就业和残疾人就业计划，采取补贴、宣传、鼓励的方式，提供特定的服务，以保障就业。法国还特别重视发挥创业促进就业的作用，尤其重视中小企业，采取各种措施，从不同的角度支持创业。如降低创业门槛、简化创业手续、给予创业优惠、加强创业指导、增强创业融资渠道。

总之，大陆模式在欧盟国家中的社会保障水平较高，而且这些国家的社会保障和就业之间联系密切。高社会保障水平会推动寻找节约成本的灵活就业形式的改革；同时，工作时间的减少和不连续就业等灵活就业形式，会导致社会保障支出明显减少。

第五节　欧盟不同模式运行机制的比较分析

一、相同点分析

（一）强调数量灵活性和收入保障

虽然不同模式劳动力市场灵活性的侧重点不同，但总体上都是在强调数量灵活性，或内部数量灵活性，或外部数量灵活性；劳动力市场的保障性都强调收入保障、工作保障或就业保障①。并且，从未来的发展方向上，各个模式都强调工资灵活性，都倾向于弱化收入保障，强化就业保障和综合保障，这是与大的发展趋势一致的。具体见表5－4。

表5－4　不同模式现有政策及发展方向

灵活性	现有政策	发展方向	发展方向	现有政策	保障性
外部数量灵活性	－	＋－		＋	工作保障
内部数量灵活性	＋	＋－	＋	＋	就业保障
功能灵活性	＋	＋－	－	＋	收入保障
工资灵活性		＋	＋		综合保障

注：＋表示强化，－表示弱化，＋－表示坚持。

① 就业保障的具体内容通过下文的积极劳动力市场政策来说。

（二）实行积极劳动力市场政策

积极劳动力市场政策受到了欧盟各国的普遍重视，成为了权衡欧盟劳动力市场灵活性和保障性的关键因素。欧盟各国实施的积极劳动力市场政策大多侧重于公共就业服务与管理、劳动力市场培训和就业激励；领取失业保险附带的前提条件，都要求失业者参加激活计划。除了英国（0.3%）、意大利（0.5%）等保障性低的国家以外，大部分国家积极劳动力市场政策支出占 GDP 的百分比都很高，如丹麦（1.4%）、比利时（1.3%）、荷兰（1%）、瑞典（1%），见附录 A 的表 7。2008 年欧盟各国情况，如图 5－27。

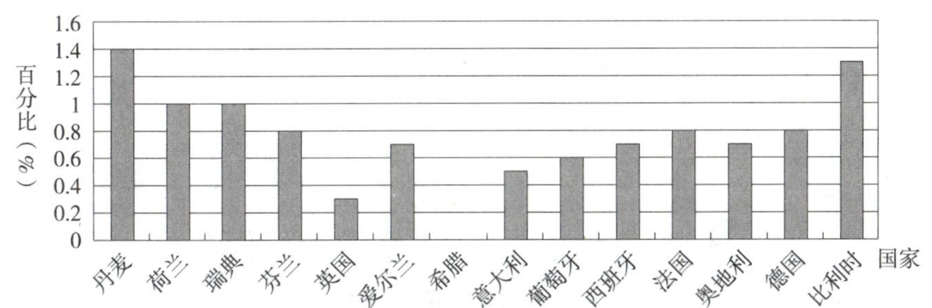

图 5－27　2008 年积极劳动力市场政策支出占 GDP 的百分比

资料来源：http://www.oecd-ilibrary.org/employment/public-expenditure-on-active-labour-market-policies_20752342-table9.

（三）倡导终身学习

欧盟国家劳动力市场灵活保障模式都非常重视教育，并积极倡导终身学习（Life Long Learning）。1999 年、2000 年的《就业指南》就对终身学习有所要求，2002 年的《就业指南》统一了各成员国的目标。各国实施终身学习策略的起点不同，北欧模式的丹麦、荷兰、瑞典、芬兰以及盎格鲁—撒克逊模式的英国和爱尔兰起点较早。如丹麦，从 1973 年起就实行九年免费义务教育，其公民除了可以接受各种免费教育以外，每个在校学生还可以获得生活津贴①，1997 年丹麦的劳动者与政府合作执行终身学

① http://news.ifeng.com/world/news/detail_2011_04/13/5713172_0.shtml.

习策略；荷兰教育部、社会事务和就业保障局于2005年，联合建立了一个公共机构，执行终身学习策略。地中海模式的希腊、意大利、葡萄牙、西班牙和大陆模式的奥地利、法国、德国、比利时起点较晚，而且基础较差，但是这些国家都积极倡导终身学习。

欧盟各国教育支出占GDP的百分比虽然基本稳定，但由于各国GDP的增长，教育支出的实际增加值很高。以2007年为例，欧盟各国教育支出占GDP的百分比，除了丹麦7.8%、瑞典6.6%发展很快以外，大部分国家相差不多，基本都在4.3%到6%之间，如图5-28。金融危机发生后，各国的教育支出比例都呈上升趋势。具体数据见附录A的表9。欧盟终身学习的参与率和培训合格率也有所增加，2006年丹麦终身学习参与率为27.4%①，荷兰终身学习参与率是15.9%②。

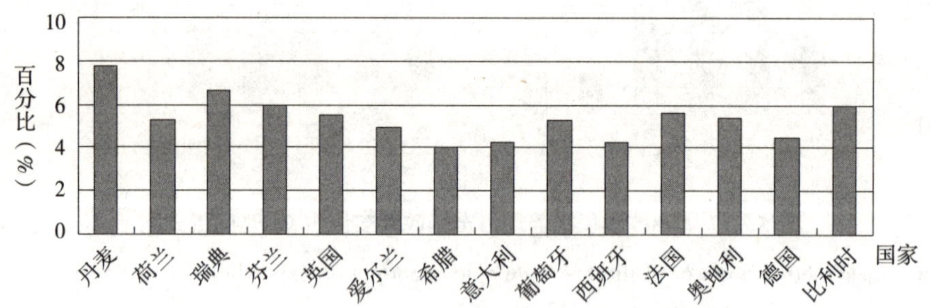

图5-28　2007年教育支出占GDP的百分比

资料来源：http://data.worldbank.org/indicator/SE.XPD.TOTL.GD.ZS.

（四）依赖税收支持

不论是较高保障水平国家实施的慷慨社会福利制度还是各国实行的积极劳动力市场政策，都需要政府强大的财力支持做后盾。而政府财政最主要部分是税收，欧盟税收占GDP的百分比都很高。以2008年为例，除了西班牙和德国税收占GDP的百分比较低外，大部分国家的比例都在

① Marije Bosman. “Flexicurity = flexibility plus security”，2007.

② European Commission，“Towards Common Principles of Flexicurity:more and better jobs through flexibility and security”，2007，p.37.

20% 左右，尤其丹麦税收占 GDP 的比例高达 35%。具体如图 5－29。金融危机发生后，各国税收占 GDP 的百分比都有适当下降趋势。

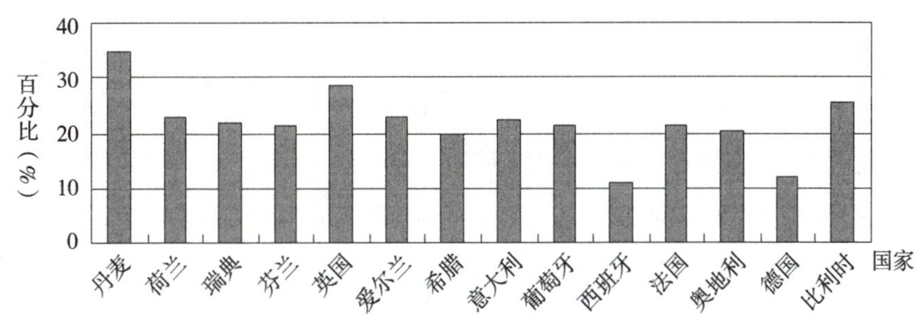

图 5－29　2008 年税收占 GDP 的百分比

资料来源：http://data.worldbank.org/indicator/GC.TAX.TOTL.GD.ZS.

此外，欧盟各国的劳动税收负担都很重。以 2008 年为例，税收负担最重的是大陆模式的比利时（55.9%）、德国（51.5%）、法国（49.3%）、奥地利（48.8%），其次是北欧模式的瑞典（44.8%）、芬兰（43.8%）、丹麦（40.9%）、荷兰（38.8%）；即使是税收负担最轻的盎格鲁—撒克逊模式的英国（32.8%）、爱尔兰（26.8%），也仅与同时期的美国（30.5%）和日本（29.5%）相当。具体情况，见附录 A 的表 12。

二、不同点分析

（一）形成路径不同

如前所述，欧盟劳动力市场灵活保障模式的形成路径各不相同，具体有处理合同分割的路径；发展企业内部的灵活保障，提供工作转换安全的路径；处理劳动者技术和机会缺口的路径；为福利接受者和非正规就业劳动者提供机会的路径。比如，丹麦劳动力市场灵活保障模式的形成路径基于第三条路径；荷兰劳动力市场灵活保障模式的形成路径基于第一条路径。

丹麦虽然有非常灵活的劳动力市场，但也给予了失业者强大的福利支持，尽可能地避免贫困的增加；丹麦还非常重视劳动者技能的提高，实施了积极的劳动力市场政策和岗位轮换制度，并倡导终身学习；而且丹麦的工会力量非常强大，社会伙伴之间的信任度非常高。而荷兰是存在内外部劳动力市场的国家，对内部人的保护非常严厉，外部人主要通过灵活合同就业，开放式合同对灵活就业雇员来说非常重要；政府非常重视灵活就业，给予昂贵的失业津贴，并实施积极劳动力市场政策提高其工作技能，通过法律法规的实施增加灵活合同向开放式合同转换的机会；但是，荷兰工会的覆盖率不是很高，社会伙伴之间的信任还有待进一步加强。

（二）灵活保障的侧重点不同

北欧模式具有中到高水平的灵活性和高水平的保障性。具体讲，北欧模式具有最高水平的内部数量灵活性，中等水平的外部数量灵活性、高水平的功能灵活性和最高水平的保障性。盎格鲁—撒克逊模式具有高水平的灵活性和中到低水平的保障性。具体讲，盎格鲁—撒克逊模式具有高水平的内部数量灵活性、最高水平的外部数量灵活性、低水平的功能灵活性和中到低水平的保障性。地中海模式具有低水平的灵活性和低水平的保障性。具体讲，地中海模式具有低水平的内部、外部数量灵活性、最低水平的功能灵活性和低水平的保障性。大陆模式具有中到低水平的灵活性和中到高水平的保障性。具体讲，大陆模式具有高水平的内部数量灵活性、低水平的外部数量灵活性、低或中间水平的功能灵活性和高水平的保障性。不同模式的具体情况，如图 5－30。

（三）工会作用不同

欧盟劳动力市场灵活保障模式中各国的工会密度以及集体谈判的覆盖率都有所区别。以 2008 年为例，瑞典（68.3）、丹麦（67.6）、芬兰（67.5）、比利时（51.9）的工会密度都较高，法国（7.7）、西班牙（14.3）、荷兰（18.9）的工会密度都较低，如图 5－31。金融危机前后，各国工会密度数据变化不大，具体见附录 A 的表 11。另外，法国（98%）、奥地利

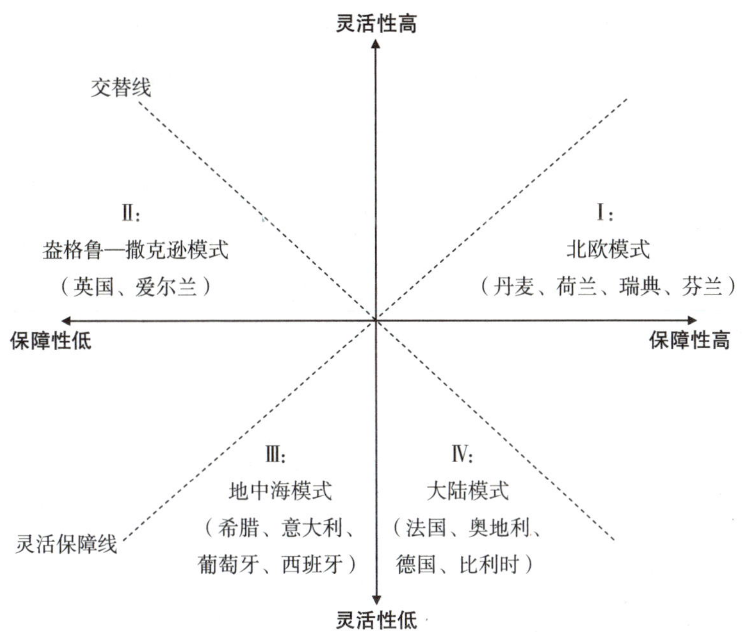

图 5－30　灵活保障模式坐标分布

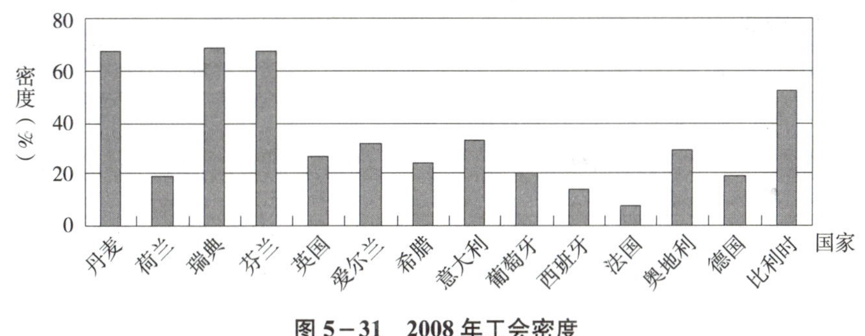

图 5－31　2008 年工会密度

资料来源：http://stats.oecd.org/Index.aspx?DatasetCode=LFS_SEXAGE_I_R.

(98%)、比利时（96%）集体谈判的覆盖率都较高，英国（33%)、爱尔兰(44%）集体谈判的覆盖率都较低①。

高工会化、密切的社会联系和各政党的相互信任是集体协议的关键

① 根据百度搜索资料整理而来。

因素。像丹麦、瑞典、芬兰、比利时这些国家，工会化程度较高，集体谈判的覆盖率较高，绝大部分协议都通过雇主和雇员谈判达成的。通过集体协议，社会伙伴可以在工资、工作时间、养老和产假等方面达成一致意见。但荷兰、法国、西班牙这些国家，工会密度就比较低，主要原因是存在搭便车现象，非工会会员也享有工会争取的权益；另外，工会密度大经常会出现内部人工资高，而不利于外部人就业的情况。

总之，欧盟各国劳动力市场体制具有不同的特点。具体情况，见表5－5。

表5－5　不同模式劳动力市场特点

	北欧模式	盎格鲁—撒克逊模式	地中海模式	大陆模式
就业保护法规	低	很低	高	平均
失业保险替代率	很高	低	很低	高
积极就业政策	高	平均	低	平均
劳动税收	很高	很低	高	高
工会密度	很高	低	很低	低
集体谈判协调	很高	低	高	高

注：失业保险替代率是失业5年的替代率。

资料来源：Alfons Garcia.New settings for the European labour markets:the flexicurity model，2009，p.233.

第六章　欧盟劳动力市场灵活保障模式的效应分析

欧盟劳动力市场灵活保障模式是否有效，需要通过一系列指标来衡量。为此，本书采用劳动力市场指标体系，通过失业率、就业率和劳动力市场参与率来直接衡量；通过人均国民生产总值、国际竞争力、通货膨胀率、预期寿命、基尼系数、购买力水平来间接衡量；最后，采用面板数据模型，量化了就业保护政策严厉程度、失业保险替代率、积极劳动力市场政策、工会密度以及劳动税收的作用方向和影响程度，初步验证了模式的有效性。

第一节　直接效应：对劳动力市场的影响

一、劳动力市场指标体系

鉴于劳动力市场的复杂性，只采用一两个指标不能很好地描述和解释劳动力市场的具体状况，很难对劳动力市场政策的效果作出客观评价。因此，需要建立一个劳动力市场指标体系。

在 2000 年，国际劳工组织发布的《劳动力市场主要指标体系》包括七组共十八项指标，具体包括劳动力参与指标、就业指标、失业指标、受教育程度指标、工资指标、劳动成本指标和收入分配指标，全面揭示了各国劳动力市场的运行状况。具体指标体系参见附录，各指标之间的关系如图6－1。由于研究的需要，本书只选取每组指标中的代表性指标进行分析。

（一）失业率

失业可以通过失业人数和失业率两个指标来考察。失业人数从绝对量上考察一个国家失业总人员的数量；失业率等于失业人员数量与失业、就业人员总数量的比例，可以通过总失业率和各个年龄组失业率分别反映。其中，长期失业率，是长期失业人口占总失业人口的百分比。

（二）就业率

就业可以通过就业人数和就业率两个指标来考察。就业人数常常用全部劳动人员数量减去失业人员数量来取得；就业率是劳动就业人员数量与劳动年龄人员数量的比例。就业率指标与失业率指标具有相同的功能，都可以用来反映对劳动力市场的利用情况，都是反映各国政府政绩的主要指标①。

（三）劳动力参与率

劳动力参与率是指一个国家就业、失业人员总数量与工作年龄内人口数量的比例。通过这一指标，不仅可以反映一个国家从事经济活动的劳动年龄人口的数量，还可以反映不同自然状况下劳动力的供给和使用情况，是反映劳动力市场活动水平的首要指标②。

---

① 刘冰：《国外劳动力市场主要统计指标及对我国的启示》，《理论界》2006年第5期。

② 刘冰：《国外劳动力市场主要统计指标及对我国的启示》，《理论界》2006年第5期。

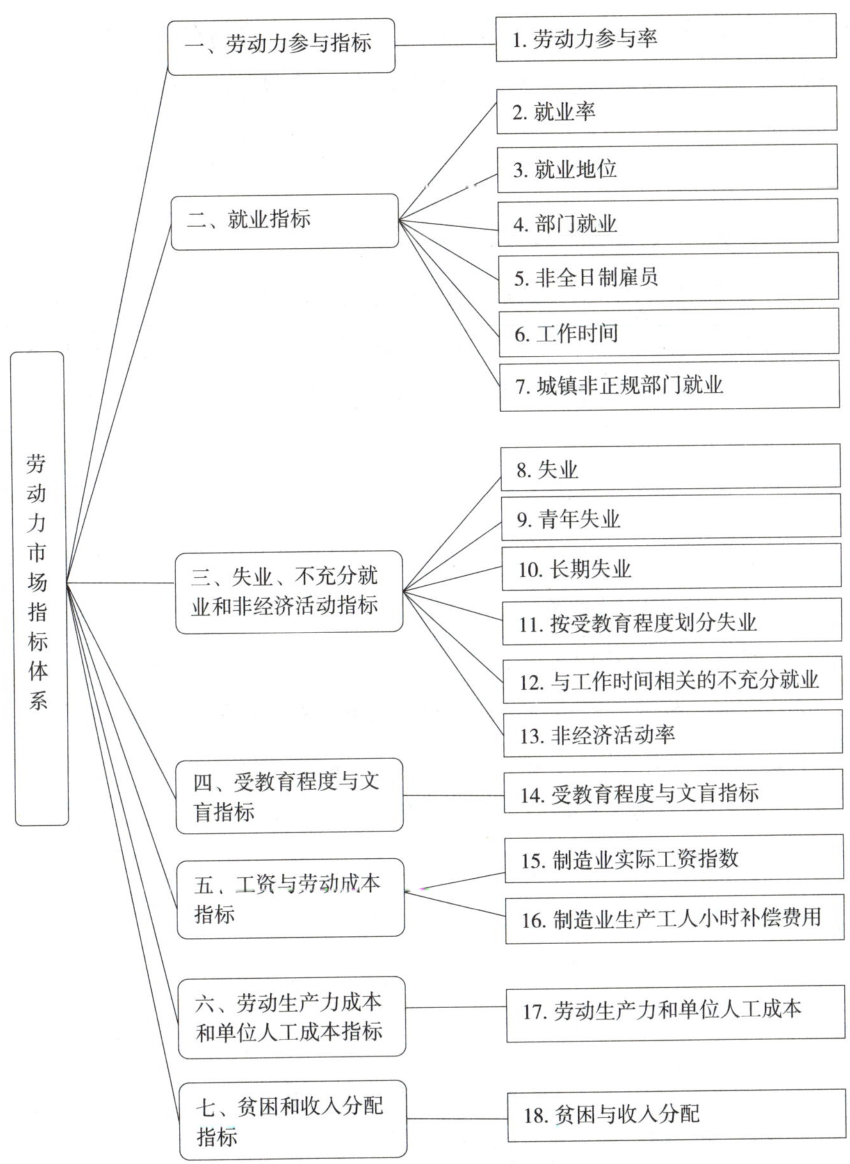

图 6－1　劳动力市场指标体系

二、对失业率的影响

20 世纪 70 年代的石油危机，欧盟各国的失业率居高不下，成为困扰其经济发展和社会稳定的重要因素。分析高失业的原因，除了经济全球化、欧盟一体化，经济发展本身方面的因素以外，还有各国高福利和劳动力市场刚性等方面的问题。为了降低失业率，欧盟各国纷纷进行了劳动力市场改革。

（一）从总失业率角度讲

从总体情况来看，欧盟各国的总失业率基本呈下降的趋势。欧盟大部分国家在20世纪80年代末90年代初失业率逐渐上升，由于政府采取了相应的积极措施，在20世纪90年代中后期失业率逐渐下降，受金融危机影响2009年开始失业率上升，见附录A的表13。以丹麦、荷兰为例，丹麦的失业率直到1994年正式实施积极劳动力市场政策才开始逐渐下降，低于相同时期的欧盟大部分国家的水平；荷兰的失业率水平一直较低，尤其是20世纪90年代以来各种保障性法律法规的实施，失业率明显下降，低于相同时期的欧盟其他13国水平。

以2008年为例，本书研究的大部分欧盟国家的失业率都低于同时期欧盟（21国）的平均水平7%。具体来说，荷兰的总失业率最低(2.8%)，其次是丹麦（3.4%），之后是奥地利（3.9%）；德国（7.3%）、希腊（7.7%）、葡萄牙（7.8%）、法国（7.9%）失业率均略高于欧盟水平；西班牙的失业率最高（11.4%）。欧盟各国总失业率，如图6－2。

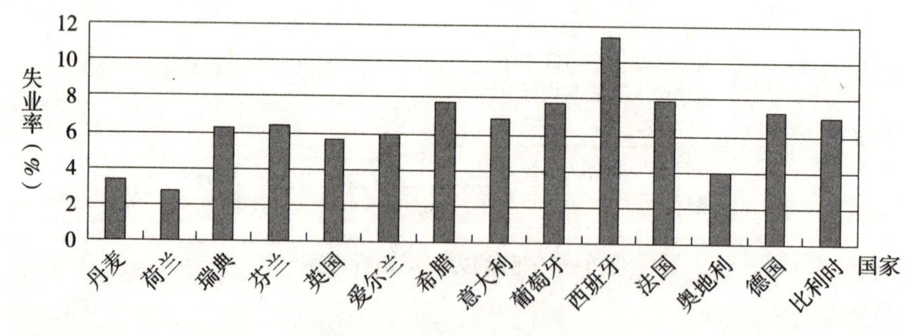

图6－2　2008年总失业率

资料来源：http://stats.oecd.org/Index.aspx?DatasetCode=LFS_SEXAGE_I_R.

此外，受金融危机影响，2009年以后欧盟总失业率有上升趋势。以2012年为例，欧盟平均总失业率10.5%。本书研究的14个欧盟国家中，总失业率也都有上升的趋势。尤其是西班牙（24.8%）、爱尔兰（15%）、希腊（24.2%）、意大利（10.7%）和葡萄牙（15.5%），失业率升至两位数。但此外其他9个国家的总失业率仍低于欧盟平均水平，尤其是奥地利（4.3%）、荷兰（5.3%）、德国（5.5%）、丹麦（7.5%）、比利时（7.5%）等国家。

（二）从长期失业率角度讲

从长期来看，欧盟各国的失业率基本呈稳中下降的趋势，但受金融危机影响失业率有上升趋势，详见附录A的表14。以2009年为例，北欧模式的长期失业率较低，其次是盎格鲁—撒克逊模式，最后是地中海模式和大陆模式。其中，丹麦的长期失业率（9.1%）是本书考察的14个国家中最低的；英国长期失业率（24.6%）居于中间水平；意大利、葡萄牙、比利时长期失业率（44%左右）较高；德国的长期失业率最高（45.5%）。欧盟各国长期失业率情况，如图6－3。

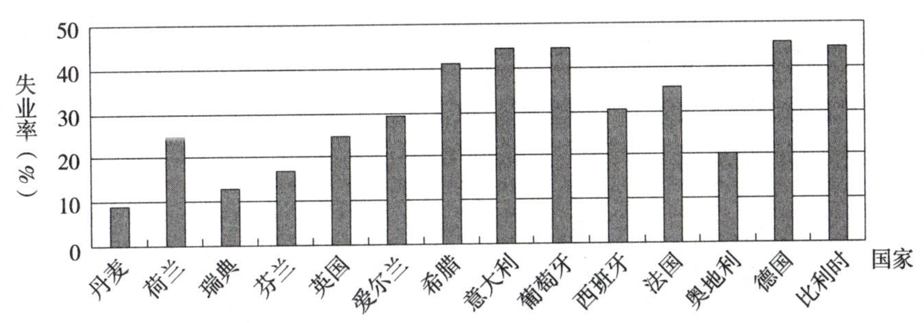

图6－3　2009年长期失业率

资料来源：http://www.oecd-ilibrary.org/docserver/download/3013081ec059.pdf?expires=1410052253&id=id&accname=guest&checksum=C18C39A4B8D3BCF291269937FD33A3EB.

分析原因，主要是基于北欧模式和盎格鲁—撒克逊模式本身的特点。这些国家具有灵活的劳动力市场，劳动力的流动性较强。此外，长期失业率的高低还与女性长期失业率的高低密切相关。例如，丹麦男性的长期失业率一直较低，2008年最低达到3%的水平，女性的长期失业率相对男性来说则较高，2008 年达 12.7%①，但相对同时期的其他国家来说，丹麦女性的长期失业率较低，因此，丹麦总体的长期失业率相对较低；而荷兰，男性的失业率与丹麦大体相当，但其女性的失业率则很高，最低还高达 29.1%（2009 年）②，这是导致荷兰长期失业率（24.8%）较高的主要原因。

此外，受金融危机影响，2009 年以后欧盟长期失业率有上升趋势。以 2012 年为例，本书研究的 14 个欧盟国家中，爱尔兰的长期失业率高达 61.7%，瑞典的长期失业率最低也达到 17.5%。

（三）从青年失业率角度讲

这里所说的青年失业率，指的是 15—24 岁的失业率。除个别国家青年失业率有上升趋势外，欧盟国家青年失业率大体呈下降趋势，但受金融危机影响大部分国家的青年失业率上升。具体情况，见附录 A 的表 15。

2003 年之前，奥地利的青年失业率很低，之后，荷兰的青年失业率最低；2004 年以来，丹麦的青年失业率仅低于荷兰，位居第二。以 2008 年为例，荷兰的青年失业率最低（10.6%），其次是丹麦（11.4%），然后是奥地利（11.8%）、爱尔兰（16.8%）、德国（17.4%）和英国（17.7%）。欧盟各国青年失业率情况，如图 6－4。

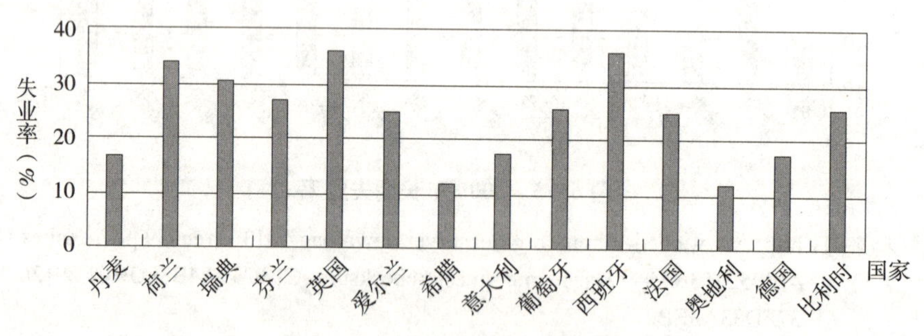

图 6－4　2008 年青年失业率

资料来源：http://stats.oecd.org/Index.aspx?DatasetCode=LFS_SEXAGE_I_R.

① http://www.oecd.org.

② http://www.oecd.org.

这些欧盟国家的青年失业率较低的原因，主要是政府都非常重视青年失业问题。比如，英国实施的新政青年计划和德国青年的学徒教育。此外，就是有些国家的男性青年失业率较低，以致整体青年失业率较低。比如，荷兰男性青年的失业率仅为2.5%，丹麦3%，奥地利3.6%①。

此外，受金融危机影响，2009年以后欧盟青年失业率有上升趋势。以2012年为例，欧盟平均青年失业率22.8%。本书研究的14个欧盟国家中，青年失业率也都有上升的趋势，尤其是希腊（55.3%）、西班牙（52.9%）、意大利（35.3%）、葡萄牙（34.0%）和爱尔兰（33.0%）等国家。但是，德国（8.1%）、奥地利（8.7%）、荷兰（9.5%）和丹麦（14.1%）等国家的青年失业率仍然低于欧盟平均青年失业率。

三、对就业率的影响

（一）从总就业率角度讲

欧盟各国的就业率相对较高，尤其是丹麦、荷兰和英国等国家。在本书研究的14个国家中，丹麦的就业率一直保持在70%以上，自1993年，丹麦超过了瑞典位居第一；荷兰的就业率呈稳定增长的趋势，自1999年以来就业率达到70.8%；英国自1997年就业率达到70.6%，这些国家的就业率均超过了欧盟里斯本战略2010年达到70%就业率的目标。金融危机后，部分国家受到很大影响，总就业率有下降趋势，见附录A的表16。

以2008年为例，本书研究的大部分欧盟国家的就业率都高于同时期欧盟（21国）的平均水平67.5%。具体来说，丹麦的就业率最高（78.4%），其次是荷兰（76.1%），之后是瑞典（75.7%）、英国（72.7%）等国家；希腊（62.2%）、意大利（58.7%）、西班牙（65.3%）、法国（64.6%）和比利时（62%）等五国的就业率稍低。欧盟各国总就业率情况，如图6－5。

① http://data.worldbank.org/topic/labor-and-social-protection.

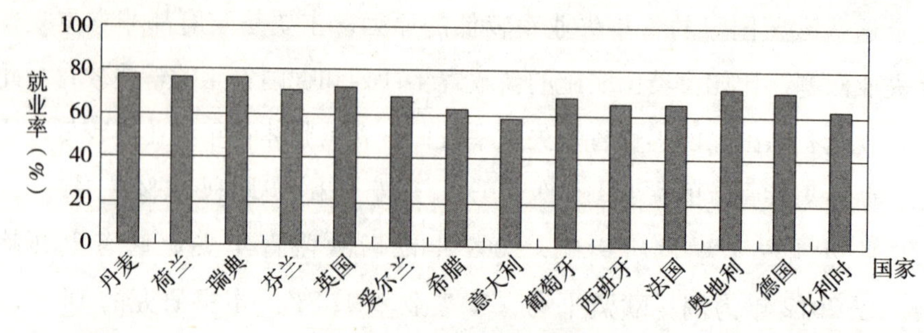

图 6－5　2008 年总就业率

资料来源：http://www.oecd.org/document/0，3746，en_2649_201185_46462759_1_1_1_1，00.html.

分析丹麦、荷兰、英国总就业率高的原因，各国的侧重点不同。丹麦主要是青年就业率和女性就业率高，荷兰主要是部分时间就业率和青年就业率高，英国主要是青年就业率和部分时间就业率高。以 2008 年为例，丹麦的女性就业率最高（74.4%），青年就业率第二（68.5%）；荷兰的青年就业率最高（69.2%）、部分时间就业率最高（36.1%）；英国部分时间就业率第二（23%），青年就业率第三（56.4%）①。

此外，受金融危机影响，2009 年以后欧盟总就业率有小幅下降趋势。据欧盟统计局统计，2013 年欧盟总就业率 63.5%。本书研究的 14 个欧盟国家中，总就业率呈不同的变化趋势。其中，丹麦（74.3%）、爱尔兰（62%）、希腊（50%）、葡萄牙（64.6%）和西班牙（56%）的总就业率有小幅下降；荷兰（76.0%）、意大利（57.5%）、法国（64.7%）、奥地利（73.7%）和比利时（62.4%）的总就业率基本没有变化；瑞典（76.9%）、芬兰（70%）、英国（73.8%）和德国（75%）的总就业率还有所上升。

（二）从青年就业率角度讲

这里所说的青年就业率，也指的是 15—24 岁的就业率。欧盟国家青年就业率呈逐渐增长的趋势，但 2009—2013 年呈下降趋势，见附录 A 的

① OECD Factbook 2010，“Economic，Environmental and Social Statistics”.

表17。以2008年为例，大部分国家的青年就业率都超过同时期欧盟（21国）的平均水平39.4%①。具体来说，荷兰的青年就业率最高（69.2%），其次是丹麦（68.5%），然后是英国（56.4%）；地中海模式和大陆模式部分国家的青年就业率较低，如意大利（24.4%）、比利时（26.9%）。欧盟各国青年就业率，如图6－6。

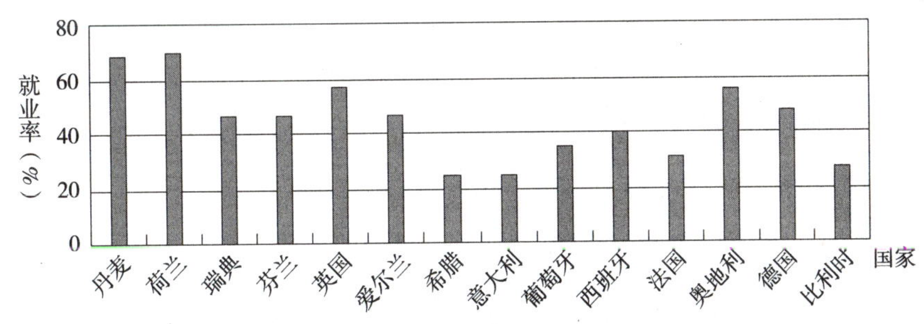

图6－6　2008年青年就业率

资料来源：http://stats.oecd.org/Index.aspx?DatasetCode=LFS_SEXAGE_I_R.

此外，同样受金融危机影响，欧盟青年就业率也发生了明显的变化。2009年以后欧盟青年就业率有下降趋势。以2013年为例，欧盟平均青年就业率31.4%。本书研究的14个欧盟国家中，青年就业率基本呈下降趋势，尤其是希腊（11.9%）、西班牙（18.6%）、意大利（18%）、葡萄牙（21.7%）等国家低于欧盟平均水平。但是，荷兰（62.3%）、丹麦（53.7%）、奥地利（54.9%）、英国（50%）、瑞典（41.5%）等七个国家青年就业率超过同时期欧盟平均水平。

四、对劳动力参与率的影响

（一）从总劳动力参与率角度讲

欧盟各国的总劳动力参与率较高，尤其是瑞典、丹麦、荷兰。在本

① http://stats.oecd.org/Index.aspx? DataSetCode＝LFS_SEXAGE_I_R.

书研究的14个国家中，2000—2012年瑞典、丹麦的总劳动力参与率一直保持在80%以上，荷兰、芬兰、英国、葡萄牙、奥地利、德国等国家的总劳动力参与率保持在70%以上。见附录A的表18。以2009年为例，大部分国家的总劳动力参与率都高于同时期欧盟（21国）平均水平72.7%。具体来说，丹麦总的劳动力参与率最高（82.2%），其次是瑞典（80.8%），之后是荷兰（79.7%）、英国（78.5%）和葡萄牙（78.2%）；总的劳动力参与率最低的是意大利（63.4%）和比利时（67.4%）。欧盟各国总劳动力参与率情况，如图6－7。

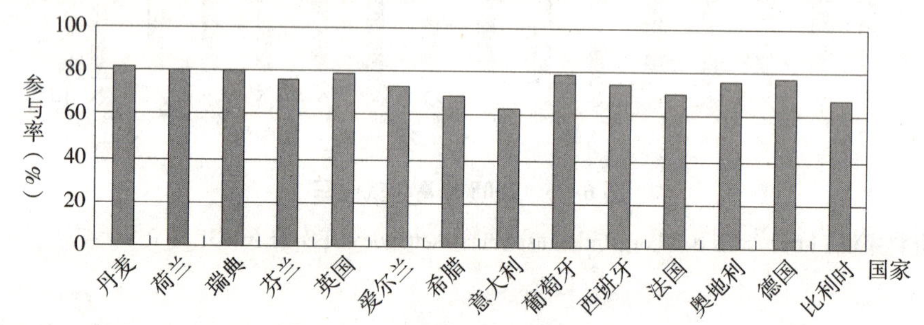

图6－7　2009年总劳动力参与率

资料来源：http://stats.oecd.org/Index.aspx?DataSetCode=LFS_SEXAGE_I_R.

在本书分析的14个国家中，丹麦、荷兰的总劳动力参与率一直很高。主要是因为这些国家的女性劳动力参与率较高。以2009年为例，丹麦女性总劳动力参与率78.2%，荷兰是74.2%。各个年龄阶段劳动力参与率情况，见表6－1。

表6－1　2009年各年龄阶段的劳动力参与率

	丹麦男性	荷兰男性	丹麦女性	荷兰女性
15—24岁	72.6	73	70.7	73.2
25—34岁	91.2	94.5	86.2	86
35—44岁	94.1	94.8	88.3	83.4
45—54岁	91.7	91.5	86.3	78.3

续表

	丹麦男性	荷兰男性	丹麦女性	荷兰女性
55—64 岁	67.7	64.2	53	45.2
65 岁以上	9.7	8.8	3.1	3

资料来源：http://stats.oecd.org/Index.aspx?DataSetCode=LFS_SEXAGE_I_R.

此外，受金融危机影响，2009 年以来欧盟总劳动力参与率有不同的变化趋势。以 2012 年为例，本书研究的 14 个欧盟国家中，丹麦（80.5%）、爱尔兰（71%）、葡萄牙（77.7%）的总劳动力参与率有小幅下降；希腊（68.8%）、法国（71.5%）和比利时（67.6%）的总劳动力参与率基本没有变化；荷兰（80.9%）、瑞典（82.8%）、芬兰（76.8%）、意大利（65.7%）、英国（79.5%）、西班牙（75.8%）、奥地利（77.2%）和德国（78.7%）的总劳动力参与率还有所上升。

（二）从青年劳动力参与率角度讲

这里所说的青年劳动力参与率，也指的是 15—24 岁的劳动力参与率。欧盟国家青年劳动力参与率在 2001—2008 年呈逐渐增长的趋势，受金融危机影响 2009—2013 年下降趋势，见附录 A 的表 19。以 2008 年为例，大部分国家的青年劳动力参与率都超过同时期欧盟（21 国）的平均水平 46.5%[①]。具体来说，丹麦的青年劳动力参与率最高（72.4%），其次是荷兰（71.3%），之后是英国（65.6%）和奥地利（60.8%）；青年劳动力参与率最低的是意大利（30.9%）和比利时（33.4%）。欧盟各国青年劳动力参与率情况，如图 6－8。

此外，受金融危机影响，2009 年以来欧盟青年劳动力参与率有下降趋势。以 2012 年为例，本书研究的 14 个欧盟国家中，希腊的青年劳动力参与率（29.2%）最低，荷兰的青年劳动力参与率（69.9%）最高。

① http://stats.oecd.org/Index.aspx? DataSetCode＝LFS_SEXAGE_I_R.

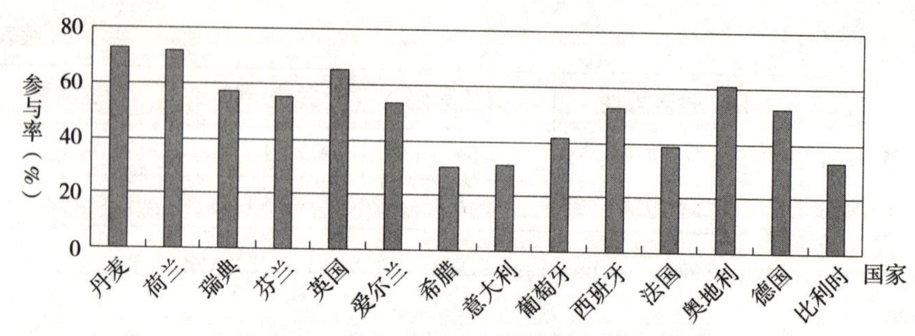

图 6－8　2008 年青年劳动力参与率

资料来源：http://stats.oecd.org/Index.aspx?DataSetCode=LFS_SEXAGE_I_R.

第二节　间接效应：对经济效率与社会发展的影响

一、对经济效率的影响

通常情况下，主要用人均国民生产总值来衡量一个国家的经济状况。此外，还有国际竞争力和通货膨胀率等其他经济衡量指标。

（一）人均国民生产总值

以 2010 年数据为例，荷兰人均国民生产总值 42478 美元，是本书研究的国家中最高的。爱尔兰人均国民生产总值 39778 美元，丹麦人均国民生产总值39476美元，均高于欧盟国家的平均水平31737美元。具体情况，见表 6－2。

表 6－2　人均国民生产总值

年份＼国家	丹麦	荷兰	瑞典	芬兰	英国	爱尔兰	奥地利	西班牙	法国	德国	欧盟
2006	36080	38122	35734	33169	35580	42300	36618	30433	31454	33581	29100
2007	37672	40681	38427	36119	36249	44932	38048	32190	33100	35511	30756

续表

年份＼国家	丹麦	荷兰	瑞典	芬兰	英国	爱尔兰	奥地利	西班牙	法国	德国	欧盟
2008	39841	42929	39613	38080	36588	42133	39856	33131	34167	37115	32042
2009	38635	41382	37605	35874	35103	40230	39375	32251	34111	35973	31364
2010	40927	41587	39567	36586	34524	41131	40535	31640	34894	38320	32061
2011	41843	43150	41761	38618	35091	42943	42978	32156	36391	40990	33415
2012	41945	42495	42022	38389	34773	42941	43273	31919	36201	41098	33370
2013	42777	43416	43497	38256	36202	—	44176	32614	37069	42549	34256

注：由于篇幅原因，本表没有列出希腊、意大利、葡萄牙和比利时的数据。
资料来源：http://stats.oecd.org/index.aspx?queryid=558.

（二）国际竞争力

在世界经济论坛提交的国际竞争力排名中，本书研究的14个欧盟国家中，大部分排名都较靠前。在2006—2007年报告中，芬兰、瑞典和丹麦位居第2名、第3名和第4名，德国、荷兰和英国排名第8名、第9名和第10名。2013年芬兰位居第3名，瑞典第4名，爱尔兰第5名，德国第6名，英国第10名；2014年芬兰位居第3名，德国第4名，瑞典第6名，英国第8名，爱尔兰第9名①。但是，西班牙（35名）、意大利（49名）、葡萄牙（51名）和希腊（91名）排名较靠后。2009—2012年国际竞争力排名具体情况，见表6－3。

表6－3　国际竞争力排名

年份＼国家	丹麦	荷兰	瑞典	芬兰	英国	爱尔兰	法国	奥地利	德国	比利时
2009	5	10	4	6	13	25	16	17	7	18
2010	9	8	2	7	12	29	15	18	5	19
2011	9	8	2	7	12	29	15	18	5	19

① http://wenku.baidu.com/view/b8efff9f80eb6294dc886c4f.html.

续表

国家 年份	丹麦	荷兰	瑞典	芬兰	英国	爱尔兰	法国	奥地利	德国	比利时
2012	8	7	3	4	10	29	18	19	6	15

资料来源：http://wenku.baidu.com/view/b84a9e1f6bd97f192279e94d.html（2009 年、2010 年）。

http://wenku.baidu.com/view/42e192d4c1c708a1284a448e.html（2011 年、2012 年）。

（三）通货膨胀率

2002—2013 年，本书研究的欧盟大部分国家的通货膨胀率都比较低。以 2012 年为例，希腊、葡萄牙的通货膨胀率为负值；爱尔兰（0.7）、西班牙（0）、英国（1.1）、荷兰（1.1）的通货膨胀率都很低。即使是通货膨胀率最高的芬兰也只有 2.9，仍属于温和的通货膨胀率。具体情况，见表 6－4。

表 6－4　通货膨胀率

国家 年份	丹麦	荷兰	瑞典	芬兰	英国	爱尔兰	希腊	意大利	葡萄牙	西班牙	法国	奥地利	德国	比利时
2001	2.5	5.1	2.4	3.0	2.3	6.5	3.1	2.9	3.6	4.2	2.0	1.9	1.1	2.1
2002	2.3	3.8	1.5	1.3	2.5	5.5	3.4	3.2	3.7	4.4	2.2	1.2	1.4	2.0
2003	1.6	2.2	1.8	−0.7	2.2	3.7	3.9	3.1	3.0	4.2	2.0	1.1	1.1	2.0
2004	2.3	0.7	0.3	0.5	2.4	2.4	2.9	2.4	2.5	4.0	1.7	1.7	1.1	2.1
2005	2.9	2.4	0.9	0.5	2.0	2.4	2.8	1.8	2.5	4.3	1.9	2.0	0.6	2.4
2006	2.1	1.8	1.9	0.8	2.9	3.3	2.4	1.7	2.8	4.1	2.1	1.9	0.3	2.3
2007	2.3	1.8	2.8	3.0	2.3	1.7	3.3	2.4	2.8	3.3	2.6	2.0	1.6	2.4
2008	4.2	2.1	3.1	2.9	3.2	−2.9	4.7	2.5	1.6	2.4	2.5	1.7	0.8	2.1
2009	0.7	0.1	2.1	1.5	2.2	−3.8	2.3	2.1	0.9	0.1	0.7	1.6	1.2	1.1
2010	4.3	0.8	0.8	0.3	3.1	−1.5	1.1	0.4	0.6	0.1	1.0	1.4	1.0	2.1
2011	0.7	1.1	1.3	2.7	2.3	0.7	1.0	1.4	0.3	0.0	1.3	2.0	1.2	2.0
2012	2.3	1.3	1.1	2.9	1.1	0.7	−0.3	1.6	−0.3	0.0	1.5	1.7	1.5	1.9
2013	1.4	1.4	0.8	2.0	1.8	0.4	−2.1	1.4	1.7	0.6	1.1	1.6	2.2	1.6

资料来源：http://data.worldbank.org/indicator/NY.GDP.DEFL.KD.ZG.

二、对社会发展的影响

为避免人均国民生产总值等经济指标的片面性，国际组织特别是联合国又制定了包括基尼系数、预期寿命、购买力水平等在内的，能够综合反映一个国家社会发展水平的更为复杂的指标。

（一）基尼系数

基尼系数是判断国家收入分配公平程度的主要指标。一般来讲，基尼系数在0.2以下为绝对公平；在0.2—0.3之间为比较公平；在0.3—0.4之间为比较合理；在0.4—0.5之间为差距较大；达到0.5以上则为收入差距悬殊。

根据世界银行2005年《人力发展报告》，部分国家基尼系数如下：1996年，爱尔兰0.359，比利时0.250；1997年，丹麦0.247；1999年，荷兰0.309；2000年，芬兰0.269，瑞典0.250。2000—2011年，欧盟多数国家基尼系数呈上升趋势。据欧盟统计局公布的数据显示，欧元区（15国）平均基尼系数从2000年的0.29上升到2011年的0.308，英国从0.32升到0.33，德国从0.25升到0.29，法国从0.28升到0.308，意大利从0.29升到0.319。

总之，本书研究的14个欧盟国家的基尼系数都没有超过0.4，社会公平状况较好。部分欧盟国家的基尼系数，见表6－5。

表6－5　部分欧盟国家的基尼系数

国家 年份	英国	德国	法国	意大利	西班牙	葡萄牙	希腊	欧元区15国
2000	0.320	0.250	0.280	0.290	0.320	0.360	0.330	0.290
2005	0.346	0.261	0.277	0.328	0.318	0.381	0.332	0.299
2009	0.324	0.291	0.299	0.315	0.323	0.354	0.331	0.304
2010	0.330	0.293	0.298	0.312	0.339	0.337	0.329	0.305
2011	0.330	0.290	0.308	0.319	0.340	0.342	0.336	0.308

资料来源：欧盟统计局。

（二）预期寿命

预期寿命代表一个国家社会发展水平，2003—2012 年欧盟各国的预期寿命都在增长。2008 年欧盟各国的预期寿命基本都在 80 岁左右，其中，意大利的预期寿命最高，达到 81.6 岁，丹麦的预期寿命最低 78.8 岁，但仍高于同时期美国的 78.2 岁。2012 年，欧盟各国的预期寿命均超过 80 岁，其中，西班牙的最高寿命最高，达到 82.5 岁。具体情况，见表 6－6。

表 6－6　预期寿命

年份\国家	丹麦	荷兰	瑞典	芬兰	英国	爱尔兰	希腊	意大利	葡萄牙	西班牙	法国	奥地利	德国	比利时
2003	77.4	78.5	80.2	78.5	78.3	78.3	78.8	79.9	77.4	79.7	79.3	78.7	78.6	78.2
2004	77.8	79.2	80.5	78.9	79.0	78.8	79.0	80.9	78.3	80.3	80.3	79.2	79.2	79.0
2005	78.2	79.4	80.6	79.1	79.2	79.4	79.2	80.8	78.1	80.3	80.3	79.4	79.4	79.0
2006	78.4	79.9	81.0	79.5	79.5	79.3	79.9	81.4	79.0	81.1	80.9	80.0	79.8	79.5
2007	78.4	80.3	81.1	79.6	79.7	79.7	79.7	81.5	79.2	81.2	81.2	80.3	80.1	79.9
2008	78.8	80.5	81.3	79.9	79.8	80.2	80.3	81.6	79.5	81.5	81.3	80.6	80.2	79.8
2009	79.0	80.8	81.5	80.1	80.4	80.3	80.4	81.7	79.7	81.9	81.5	80.4	80.3	80.1
2010	79.3	81.0	81.6	80.2	80.6	80.8	80.7	82.1	80.0	82.4	81.8	80.7	80.5	80.3
2011	79.9	81.3	81.9	80.6	81.0	80.8	80.8	82.3	80.6	82.6	82.2	81.1	80.8	80.7
2012	80.1	81.2	81.8	80.7	81.0	81.0	80.7	82.3	80.5	82.5	82.1	81.0	81.0	80.5

资料来源：http://www.oecd-ilibrary.org/social-issues-migration-health/life-expectancy-at-birth-total-population_20758480-table8.

（三）购买力水平

本书中，各国的购买力水平是以美国为标准 1.00 来确定的，2004—2013 年，欧盟国家的购买力水平呈小幅下降趋势，但大部分国家的购买力水平都在 0.9 左右。尤其是瑞典和丹麦，购买力水平很高。2008 年，丹麦购买力水平 8.01，瑞典购买力水平 8.77；2013 年瑞典和丹麦的购买力水平分别为 8.64 和 7.64。具体情况，见表 6－7。

表 6－7　购买力水平

年份＼国家	丹麦	荷兰	瑞典	芬兰	英国	爱尔兰	希腊	意大利	葡萄牙	西班牙	法国	奥地利	德国	比利时
2004	8.40	0.91	9.10	0.98	0.63	1.01	0.70	0.87	0.72	0.76	0.94	0.87	0.90	0.90
2005	8.59	0.90	9.38	0.98	0.64	1.01	0.71	0.87	0.68	0.77	0.92	0.89	0.87	0.90
2006	8.32	0.87	9.07	0.95	0.63	0.98	0.70	0.83	0.66	0.74	0.90	0.86	0.84	0.88
2007	8.24	0.86	8.89	0.94	0.65	0.96	0.72	0.82	0.66	0.73	0.89	0.87	0.83	0.89
2008	8.01	0.84	8.77	0.92	0.65	0.95	0.70	0.79	0.65	0.72	0.88	0.85	0.81	0.87
2009	7.80	0.84	8.88	0.90	0.65	0.89	0.70	0.78	0.63	0.71	0.86	0.84	0.81	0.86
2010	7.75	0.85	8.99	0.91	0.69	0.84	0.70	0.78	0.63	0.72	0.86	0.84	0.80	0.85
2011	7.69	0.83	8.82	0.91	0.70	0.83	0.69	0.77	0.63	0.71	0.85	0.84	0.78	0.84
2012	7.63	0.83	8.70	0.91	0.69	0.82	0.67	0.75	0.61	0.69	0.84	0.83	0.78	0.83
2013	7.64	0.83	8.64	0.91	0.69	0.81	0.65	0.75	0.60	0.68	0.84	0.83	0.78	0.83

注：表中数据按照四舍五入原则进行了调整。

资料来源：http://www.oecd-ilibrary.org/economics/purchasing-power-parities-for-gdp_2074384x-table11.

第三节　欧盟劳动力市场灵活保障模式效应的实证分析

本书通过整理欧盟 13 个国家①2001—2008 年共 1248 个样本，采用面板数据模型，对欧盟劳动力市场灵活保障模式对劳动力市场的效应进行实证分析。

所谓面板数据模型（Panel Data Model），是指研究和分析面板数据的模型。而面板数据（Panel Data）是指对不同时刻的截面个体作连续观测所得到的多维时间序列数据。面板数据模型既考虑到了横截面数据存在的共性，又能分析模型中横截面因素的个体特殊效应，所以，它比单独处理

① 由于希腊积极劳动力市场政策占 GDP 的比例全部缺失，故在不影响整体分析的基础上去掉希腊。

时间序列数据或横截面数据的线性回归模型更好。根据参数变化的不同，一般的面板数据模型可以表示为以下三类。

（1）变系数模型

$y_{it}=\alpha_i+x_{it}\beta_i+\mu_{it}$ 模型 1

（2）变截距模型

$y_{it}=\alpha_i+x_{it}\beta+\mu_{it}$ 模型 2

（3）常系数、常截距模型

$y_{it}=\alpha+x_{it}\beta+\mu_{it}$ 模型 3

其中，i，t——分别为截面维度与时间维度；

n——截面个数（或个体个数）；

T——每一个体对应的时间长度；

α_i——截距向量，反映了模型中个体差异变量的影响；

μ_{it}——随截面与时序变化的、被模型遗漏的影响因素，它们之间独立，并假定零均值和等方差；

x_{it}——1*K 向量；

β_i——K*1 向量，K 为模型中解释变量的数目。

在使用面板数据模型时，首先要确定具体使用上述哪一个模型。通常采用协方差分析检验方法。主要考虑以下两个假设①：

假设 1：在不同的横截面样本点上和时间上，截距不同，斜率相同。

$y_{it}=\alpha_i+x_{it}\beta+\mu_{it}$

假设 2：在不同的横截面样本点上和时间上，截距和斜率都相同。

$y_{it}=\alpha+x_{it}\beta+\mu_{it}$

若接受假设 2，则采用模型 3，不用再进行进一步的检验；反之，则对假设 1 进行检验。若接受了假设 1，则采用模型 2，否则采用模型 1②。分别计算模型 1、2、3 的残差平方和：

① 王超、罗然然：《我国教育与经济增长的实证研究》，《统计与信息论坛》2004 年第 7 期。

② 王超、罗然然：《我国教育与经济增长的实证研究》，《统计与信息论坛》2004 年第 7 期。

模型 1 的残差平方和为 s_1：

$s_1 = \Sigma_{i=1}^{n} = RSS_i$

模型 2 的残差平方和为 s_2：

$s_2 = W_{yy} - W'_{xy} W_{xx}^{1} W_{xy}$

模型 3 的残差平方和为 s_3：

$s_3 = T_{yy} - T'_{xy} T_{xx}^{-1} T_{xy}$

所以，得到检验假设 2（H_2）的统计量 F_2 和检验假设 1（H_1）的统计量 F_1：

$$F_2 = \frac{(s_3 - s_1) / [(n-1)(k+1)]}{s_1/[nT - n(k+1)]} \sim F[(n-1)(k+1), n(T-k-1)]$$

$$F_1 = \frac{(s_2 - s_1) / [(n-1)k]}{s_1/[nT - n(k+1)]} \sim F[(n-1)k, n(T-k-1)]$$

在给定显著水平下，把通过查 F 统计分布表得到的临界值与计算得到的 F 统计量进行比较，经过判断就可以得到是拒绝还是接受假设的结论。

本书主要选取的自变量指标是就业保护政策的严厉程度、平均总失业保险替代率、积极劳动力市场政策支出占 GDP 的百分比、工会密度和劳动税收①；主要选取的因变量指标是总失业率、总就业率和总劳动力参与率。另外，为了更清楚地说明总失业率、总就业率和总劳动力参与率，并缩小最终结果的误差，又分别增加了长期失业率、青年失业率、青年就业率和青年劳动力参与率。具体指标数据，见附录 A 的表 1、表 3、表 7、表 11、表 12 和表 13、表 16、表 18，还有表 14、表 15、表 17、表 19。

数据说明：鉴于相关数据资料获取途径有限和公布时间较迟缓，致使本书的部分数据较陈旧或缺失，为使指标选取范围一致，所选取的年份只从 2001—2008 年，金融危机后的具体情况暂不做分析。表 3 平均总失业

① 本书是指工人所有收入的税收，即税收楔子。

保险替代率偶数年的数据根据相邻奇数年数据简单平均求得；表 7 积极劳动力市场政策占 GDP 的百分比和表 14 长期失业率个别国家个别数据的缺失根据相邻两数的平均数求得，表中均加注 * 说明。

一、失业率效应分析

（一）总失业率

在给定 10% 显著性水平下，查 F 分布表，得临界值：

F［(n−1)(k+1)，n(T−k−1)］= F(72，26) = 2.31

F［(n−1)k，n(T−k−1)］= F(60，26) = 2.33

其中：T = 8，n = 13，k = 5

经计算，得出结果：

F_2 > F(72，26) = 2.31，所以拒绝 H_2；F_1 < F(60，26) = 2.33，所以接受 H_1。

因此，采用模型 2，具体形式为：

$y_{it} = \alpha_i + x_{it}\beta + \mu_{it}$

用 Eviews3.0 统计分析软件对模型 2 进行广义最小二乘估计。就业保护政策严厉程度没通过检验，将其去掉后的结果，见表 6－8。

从表 6－8 的结果可以看出，失业保险替代率（0.0123）、积极劳动力市场政策支出（0.0000）、工会密度（0.0046）和劳动税收（0.0000）都对总失业率有显著影响。其中，F 统计值 509.2663，D—W 统计值 1.840794，R^2 值 0.946123，不存在序列相关现象，整体显著水平较高。

从相互关系上来讲，失业保险替代率与总失业率是正相关关系，失业保险替代率越高，总失业率越大；积极劳动力市场政策支出与总失业率是负相关关系，积极劳动力市场政策支出越多，总失业率越小；工会密度与总失业率是正相关关系，工会密度越大，总失业率越大；劳动税收与总失业率是正相关关系，劳动税收越多，总失业率越大。

从影响程度上来讲，积极劳动力市场政策（1.643356）对总失业率影响最大，其次是失业保险替代率（0.074244），然后是工会密度（0.058496），最后是劳动税收（0.020227）。

表 6-8　总失业率回归结果

自变量（V）	系数（C）	t 统计量（T）	p 值（P）
失业保险替代率	0.074244	2.556289	0.0123
积极劳动力市场政策	-1.643356	-4.802290	0.0000
工会密度	0.058496	2.906968	0.0046
劳动税收	0.020227	7.337894	0.0000

（二）长期失业率

经计算，得出结果：

$F_2>F(72,26)=2.31$，所以拒绝 H_2；$F_1<F(60,26)=2.33$，所以接受 H_1。

因此，采用模型 2，具体形式为：

$y_{it}=\alpha_i+x_{it}\beta+\mu_{it}$

用 Eviews3.0 统计分析软件对模型 2 进行广义最小二乘估计，结果见表 6-9。

从表 6-9 的结果可以看出，就业保护政策严厉程度（0.0008）、失业保险替代率（0.0000）、工会密度（0.0000）、劳动税收（0.0000）都对长期失业率有显著影响。其中，F 统计值 1131.102，D—W 统计值 1.818997，R^2 值 0.981347，不存在序列相关现象，整体显著水平较高。

从相互关系上来讲，就业保护政策严厉程度与长期失业率是正相关关系，就业保护越严厉，长期失业率越大；失业保险替代率与长期失业率是负相关关系，替代率越大，长期失业率越小；工会密度与长期失业率是正相关关系，工会密度越大，长期失业率越大；劳动税收与长期失业率是正相关关系，劳动税收越多，长期失业率越大。

从影响程度上来讲，就业保护政策严厉程度（15.35404）对长期失业率的影响最大，其次是工会密度（0.516747），然后是失业保险替代率（0.468875）和劳动税收（0.231396）。其中，积极劳动力市场政策支出在5%水平下不显著，只在10%水平下显著。

表6－9　长期失业率回归结果

自变量（V）	系数（C）	t统计量（T）	p值（P）
就业保护严厉程度	15.35404	3.477236	0.0008
失业保险替代率	－0.468875	－5.991940	0.0000
积极劳动力市场政策	－2.420731	－1.669661	0.0986
工会密度	0.516747	6.109205	0.0000
劳动税收	0.231396	8.411504	0.0000

（三）青年失业率

经计算，得出结果：

$F_2 < F(72, 26) = 2.31$，所以接受H_2，无需进一步检验。

因此，采用模型3，具体形式为：

$$y_{it} = \alpha + x_{it}\beta + \mu_{it}$$

用Eviews3.0统计分析软件对模型3进行普通最小二乘估计，得到结果，见表6－10。具体模型表示为：

$$y_{it} = 1.577729 + 7.375077x_{1t} - 0.095849x_{2t} - 9.732287x_{3t} + 0.098137x_{4t} + 0.327082x_{5t}$$

从表6－10的结果可以看出，就业保护政策严厉程度（0.0000）、积极劳动力市场政策支出（0.0000）、工会密度（0.0000）、劳动税收（0.0000）都对青年失业率有显著影响。其中，F统计值187.3722，D—W统计值1.954649，R^2值0.905301，不存在序列相关现象，整体显著水平较高。

从相互关系上来讲，就业保护政策严厉程度与青年失业率是正相关关系，就业保护越严厉，青年失业率越大；积极劳动力市场政策支出与青年失业率是负相关关系，积极劳动力市场政策支出越多，青年失业率越小；工会密度与青年失业率是正相关关系，工会密度越大，青年失业率越大；劳动税收与青年失业率是正相关关系，劳动税收越多，青年失业率越大。

从影响程度上来讲，积极劳动力市场政策支出（9.732287）对青年失业率的影响非常大，然后是就业保护政策严厉程度（7.375077），劳动税收（0.327082）、工会密度（0.098137）对青年失业率的影响较小。其中，失业保险替代率在5%水平下不太显著，只在10%水平下显著（0.0754）。

表6－10　青年失业率回归结果

自变量（V）	系数（C）	t统计量（T）	p值（P）
C	1.577729	0.958435	0.3402
就业保护政策严厉程度	7.375077	8.550319	0.0000
失业保险替代率	－0.095849	－1.796821	0.0754
积极劳动力市场政策	－9.732287	－7.279222	0.0000
工会密度	0.098137	7.430578	0.0000
劳动税收	0.327082	5.254947	0.0000

总之，通过上述分析，得到如下结论：(1) 就业保护政策严厉程度主要对长期失业率和青年失业率有较大影响，而且就业保护政策严厉程度越大，长期失业率和青年失业率就越高。(2) 失业保险替代率对总失业率有较大影响，而且失业保险替代率越高，总失业率就越高；但失业保险替代率对长期失业率和青年失业率的影响则恰好相反，即失业保险替代率越高，长期失业率和青年失业率就越低，尤其是长期失业率。(3) 积极劳动力市场政策支出对总失业率、长期失业率和青年失业率都有很大影响，尤其是对总失业率和青年失业率，而且随着积极劳动力市场政策支出增加，总失业率、长期失业率和青年失业率都趋于下降。(4) 工会密度对总失业率、长期失业率和青年失业率都有较大影响，而且工会密度越大，总失业

率、长期失业率和青年失业率就越高。（5）劳动税收对总失业率、长期失业率和青年失业率都有较大影响，而且劳动税收越多，总失业率、长期失业率和青年失业率就越高。

二、就业率效应分析

（一）总就业率

经计算，得出结果：

$F_2 < F(72, 26) = 2.31$，所以接受 H_2，无需进一步检验。

因此，采用模型 3，具体形式为：

$$y_{it} = \alpha + x_{it}\beta + \mu_{it}$$

用 Eviews3.0 统计分析软件对模型 3 进行普通最小二乘估计，就业保护政策严厉程度没通过检验，将其去掉得到结果，见表 6－11。具体模型表示为：

$$y_{it} = 79.94050 - 0.250657x_{2t} - 9.273165x_{3t} + 0.070397x_{4t} - 0.330296x_{5t}$$

从表 6－11 的结果可以看出，失业保险替代率（0.0000）、积极劳动力市场政策支出（0.0000）、工会密度（0.0000）、劳动税收（0.0000）都对总就业率有显著影响。其中，F 统计值 2972.511，D—W 统计值 1.868808，R^2 值 0.991742，不存在序列相关现象，整体显著水平较高。

从相互关系上来讲，失业保险替代率与总就业率是负相关关系，失业保险替代率越高，总就业率越小；积极劳动力市场政策支出与总就业率是正相关关系，积极劳动力市场政策支出越多，总就业越大；工会密度与总就业率是正相关关系，工会密度越大，总就业率越大；劳动税收与总就业率是负相关关系，劳动税收越多，总就业率越小。

从影响程度上来讲，积极劳动力市场政策支出（9.273165）对总就业率的影响最显著，其次是劳动税收（0.330296），然后是失业保险替代率（0.250657），工会密度（0.070397）对总就业率的影响较小。

表 6－11　总就业率回归结果

自变量（V）	系数（C）	t 统计量（T）	p 值（P）
C	79.94050	27.04767	0.0000
失业保险替代率	－0.250657	－6.608971	0.0000
积极劳动力市场政策	9.273165	9.791331	0.0000
工会密度	0.070397	12.67554	0.0000
劳动税收	－0.330296	－5.009133	0.0000

（二）青年就业率

经计算，得出结果：

$F_2 < F(72, 26) = 2.31$，所以接受 H_2，无需进一步检验。

因此，采用模型 3，具体形式为：

$y_{it} = \alpha + x_{it}\beta + \mu_{it}$

用 Eviews3.0 统计分析软件对模型 3 进行普通最小二乘估计，工会密度没通过检验，将其去掉得到结果，见表 6－12。具体模型表示为：

$y_{it} = 87.53536 - 5.112060x_{1t} - 0.391580x_{2t} + 16.66388x_{3t} - 0.779419x_{5t}$

从表 6－12 的结果可以看出，就业保护政策严厉程度（0.0000）、失业保险替代率（0.0000）、积极劳动力市场政策支出（0.0000）和劳动税收（0.0000）都对青年就业率有显著影响。其中，F 统计值 468.3701，D—W 统计值 1.892035，R^2 值 0.949809，不存在序列相关现象，整体显著水平较高。

从相互关系上来讲，就业保护政策严厉程度与青年就业率是负相关关系，就业保护越严厉，青年就业率越小；失业保险替代率与青年就业率是负相关关系，失业保险替代率越高，青年就业率越小；积极劳动力市场政策支出与青年就业率是正相关关系，积极劳动力市场政策支出越大，青年就业率越大；劳动税收与青年就业率是负相关关系，劳动税收越多，青年就业率越小。

从影响程度上来讲，积极劳动力市场政策支出（16.66388）对青年就业率的影响很大，其次是就业保护政策严厉程度（5.112060），然后是劳动税收（0.779419），失业保险替代率（0.391580）的影响较小。

表 6－12　青年就业率回归结果

自变量（V）	系数（C）	t统计量（T）	p值（P）
C	87.53536	17.75891	0.0000
就业保护政策严厉程度	－5.112060	－6.485013	0.0000
失业保险替代率	－0.391580	－4.253034	0.0000
积极劳动力市场政策	16.66388	6.639254	0.0000
劳动税收	－0.779419	－5.933324	0.0000

总之，通过上述分析，得到如下结论：(1）就业保护政策严厉程度主要对青年就业率有较大影响，而且就业保护政策严厉程度越大，青年就业率就越低。(2）失业保险替代率对总就业率和青年就业率都有较大影响，而且失业保险替代率越高，总就业率和青年就业率就越低。(3）积极劳动力市场政策支出对总就业率和青年就业率都有很大影响，随着积极劳动力市场政策支出增加，总就业率和青年就业率都趋于上升。(4）工会密度主要对总就业率有一定影响，而且工会密度越大，总就业率越高。(5）劳动税收对总就业率和青年就业率都有较大影响，而且劳动税收越多，总就业率和青年就业率就越低。

三、劳动力参与率效应分析

（一）总劳动力参与率

经计算，得出结果：

$F_2 < F(72, 26) = 2.31$，所以接受 H_2，无需进一步检验。

因此，采用模型 3，具体形式为：

$y_{it} = \alpha + x_{it}\beta + \mu_{it}$

用 Eviews3.0 统计分析软件对模型 3 进行普通最小二乘估计，就业保护政策严厉程度没通过检验，将其去掉得到结果，见表6－13。具体模型表示为：

$$y_{it}=82.73763-0.254784x_{2t}+7.595721x_{3t}+0.073580x_{4t}-0.212228x_{5t}$$

从表6－13的结果可以看出，就业保护政策严厉程度（0.0000）、积极劳动力市场政策支出（0.0000）、工会密度（0.0000）都通过检验，对总劳动力参与率有显著影响。其中，F统计值7836.507，D—W统计值1.846704，R^2值0.996852，不存在序列相关现象，整体显著水平较高。

从相互关系上来讲，失业保险替代率与总劳动力参与率是负相关关系，失业保险替代率越大，总劳动力参与率越小；积极劳动力市场政策支出与总劳动力参与率是正相关关系，积极劳动力市场政策支出越多，总劳动力参与率越大；工会密度与总劳动力参与率是正相关关系，工会密度越大总劳动力参与率大；劳动税收与总劳动力参与率是负相关关系，劳动税收越大，总劳动力参与率越小。

从影响程度上来讲，积极劳动力市场政策支出（7.595721）对总劳动力参与率的影响最显著，其次是失业保险替代率（0.254784），然后是劳动税收（0.212228），工会密度（0.073580）对劳动力参与率的影响较小。

表6－13　总劳动力参与率回归结果

自变量（V）	系数（C）	t统计量（T）	p值（P）
C	82.73763	39.97240	0.0000
失业保险替代率	－0.254784	－7.991014	0.0000
积极劳动力市场政策	7.595721	9.686774	0.0000
工会密度	0.073580	21.81570	0.0000
劳动税收	－0.212228	－4.706714	0.0000

（二）青年劳动力参与率

经计算，得出结果：

$F_2<F(72, 26)=2.31$，所以接受H_2，无需进一步检验。

因此，采用模型3，具体形式为：

$y_{it}=\alpha+x_{it}\beta+\mu_{it}$

用Eviews3.0统计分析软件对模型3进行普通最小二乘估计，工会密度没通过检验，将其去掉得到结果，见表6－14。具体模型表示为：

$y_{it}=94.51963-5.208157x_{1t}-0.322144x_{2t}+15.30053x_{3t}-0.770991x_{5t}$

从表6－14的结果可以看出，就业保护政策严厉程度（0.0000）、失业保险替代率（0.0070）、积极劳动力市场政策支出（0.0000）、劳动税收（0.0000）都对青年劳动力参与率有显著影响。其中，F统计值443.2934，D—W统计值1.940768，R^2值0.947120，不存在序列相关现象，整体显著水平较高。

从相互关系上来讲，就业保护政策严厉程度与青年劳动力参与率是负相关关系，就业保护越严厉，青年劳动力参与率越小；失业保险替代率与青年劳动力参与率是负相关关系，失业保险替代率越高，青年劳动力参与率越低；积极劳动力市场政策支出与青年劳动力参与率是正相关关系，积极劳动力市场政策支出越多，青年劳动力参与率越大；劳动税收与青年劳动力参与率是负相关关系，劳动税收越大，青年劳动力参与率越小。

从影响程度上来讲，积极劳动力市场政策支出（15.30053）对青年劳动力参与率的影响最大，其次是就业保护政策严厉程度（5.208157），然后是劳动税收（0.770991），失业保险替代率（0.322144）对青年劳动力参与率的影响较小。

表6－14　青年劳动力参与率回归结果

自变量（V）	系数（C）	t统计量（T）	p值（P）
C	94.51963	13.35460	0.0000
就业保护政策严厉程度	－5.208157	－5.129876	0.0000
失业保险替代率	－0.322144	－2.753880	0.0070
积极劳动力市场政策	15.30053	5.222280	0.0000
劳动税收	－0.770991	－4.469931	0.0000

总之，通过上述分析，得到如下结论：(1) 就业保护政策严厉程度主要对青年劳动力参与率有较大影响，而且就业保护政策严厉程度越大，青年劳动力参与率就越低；(2) 失业保险替代率对总劳动力参与率和青年劳动力参与率都有较大影响，而且失业保险替代率越高，总劳动力参与率和青年劳动力参与率就越低。(3) 积极劳动力市场政策支出对总劳动力参与率和青年劳动力参与率都有很大影响，而且随着积极劳动力市场政策支出的增加，总劳动力参与率和青年劳动力参与率都趋于上升。(4) 工会密度主要对总劳动力参与率有一定影响，而且工会密度越大，总劳动力参与率就越高。(5) 劳动税收对总劳动力参与率和青年劳动力参与率都有较大影响，而且劳动税收越多，总劳动力参与率和青年劳动力参与率就越低。

第七章　欧盟劳动力市场灵活保障模式面临挑战和改革方向

任何事物都有两面性。欧盟劳动力市场灵活保障模式虽然取得了成功，但在经济全球化、人口老龄化以及当前经济危机情况下，仍面临着严峻的挑战。急剧攀升的失业率需要我们更好地权衡劳动力市场的灵活性和保障性，继续探索未来的改革方向。

第一节　欧盟劳动力市场灵活保障模式面临的挑战

欧盟劳动力市场灵活保障模式面临的挑战主要包括灵活的劳动力市场、积极的劳动力市场政策、慷慨的社会福利制度和正规、非正规就业等方面。

一、欧盟劳动力市场灵活性面临的挑战

（一）外部数量灵活性问题

一方面，劳动力市场高度的外部数量灵活性，使大量的劳动者在工作转换时经常面临企业生产能力的测试。这种不断进行工作选择的结果是，如果劳动者不能满足雇主设立的生产能力标准，他们将被逐渐地逐出劳动力市场。边缘化问题不可避免，如健康、年龄和种族背景等问题随之

出现，尤其是低技术劳动者和退休劳动者。另外，虽然大部分欧盟国家的劳动者退休年龄较大，一般超过60岁，如丹麦劳动者在2009年的退休年龄是65岁①，但是超过55岁的劳动者与劳动力市场的接触能力相对减弱，其一旦失业，就很难再进入劳动力市场。那么，不能再就业的劳动者将进入社会保障系统，造成社会保障负担加重，进而影响失业保险基金的支出。

另一方面，外部数量灵活的劳动力市场引发的劳动力流动不完全是低技术人员，还包括很多的高技术人员，在科技、信息、通讯技术不断发展的今天，无论是资本密集型企业还是知识密集型企业，都需要高科技人才，这样就造成了大量的人才流失。同时，企业可以相对容易地解雇和雇佣雇员，企业就不情愿持续保留原有的雇员，而且也不情愿为提升雇员的技能进行培训和投资，进而会影响劳动力市场人力资本的提升。这样，必须有公共部门介入帮助弥补教育、培训投资不足的问题，并要鼓励企业留住原有雇员，尤其是低技术雇员，残疾雇员，老龄雇员和难民移民，这样就增加了公共部门的负担。

金融危机发生后，外部数量灵活性问题更加显著。以丹麦和德国为例，丹麦外部数量灵活性很强，应对经济下滑采取的是减少就业工人数量的措施；而德国有着严厉的就业保护立法，裁员的成本高且法律程序复杂，因而采取的是缩减就业工人劳动时间的措施。结果，德国保持了较高的就业率和较低的失业率。

（二）非正规就业本身问题

如前所述，有些欧盟成员国非正规就业范围非常广泛，灵活性很强。企业基于成本的考虑，宁可根据需要经常解雇和雇佣劳动者，也不会对非正规就业劳动者追加投资，以致这部分人中的大多数技能水平低，在工作转换时缺乏就业保障。尤其是年龄相对大些的劳动者，一旦失业，就很难

---

① www.oecd.org/els/social/pensions/PAG.

再就业，这样转换成长期失业者的风险会增加。

另一方面，由于非正规就业的流动性很强，以致工作的连续性很差，不仅不利于劳动者本人工作经验的积累，也会给企业管理工作带来一些新问题，尤其是妇女就业问题。如荷兰，虽然妇女的劳动力参与率相对较高，但由于大多数从事的是非正规就业，流动性很强；而且55—64岁妇女的就业率相对较低，以致企业的高层管理缺乏有经验的女性工作者。

此外，由于非正规就业的工作时间不确定，而且较短，以致总体劳动力的供给很少，也应该引起注意。

二、欧盟劳动力市场保障性面临的挑战

（一）慷慨的社会福利制度面临的挑战

一方面，失业福利系统的高替代率增加了政府财政支出的风险，尤其是北欧模式和大陆模式劳动力市场保障性高的国家。如前所述，2004年被动劳动力市场政策支出占GDP的百分比很高，其中丹麦2.66%、荷兰2.12%、德国2.32%、比利时2.4%。虽然被动劳动力市场政策支出占GDP的百分比有逐年下降的趋势，但到2008年的比例仍然是很高的，其中丹麦1.21%、荷兰1.29%、德国1.1%、比利时2.0%。金融危机发生后，被动劳动力市场政策支出占GDP比例呈上升趋势。2011年，丹麦1.65%、荷兰1.64%、德国1.02%、比利时2.09%，爱尔兰2.64%、西班牙2.88%。具体见附录A的表6。慷慨的社会福利制度是通过高税收来支撑的。一直以来，丹麦的税收负担率都在30%左右，2008年和2009年分别达到35%和34.5%，远远高于欧盟其他国家的水平；荷兰、比利时的税收负担率也相对较高，2009年分别是22.7%和24%①。受金融危机影响，税收负担率呈上升趋势。2013年，丹麦税收负担率达到34.1%。而高税收会增

① http://data.worldbank.org/indicator/GC.TAX.TOTL.GD.ZS.

加就业者的负担，在就业率不变的情况下，国家会面临经济增长缓慢的风险。

另一方面，失业福利系统的高替代率面临贫困陷阱，尤其是对于低收入群体。在领取失业救济金期满之前，失业者不愿意从事待遇较低的工作；而且失业者寻找新工作和接受低薪资工作的愿望不强烈，存在着较多的“自愿失业者”。如前所述，从2003年开始，部分失业福利的水平逐渐下降，而且实施了激活计划。近年来，通过减少福利，增加了对失业者的工作刺激，对经济增长的影响显著，至少增加了部分人群的就业率。

（二）积极的劳动力市场政策面临的挑战

欧盟积极劳动力市场政策重供给轻需求，始终是以供给方为导向的，采取各种措施激活失业者，很少有激活企业的传统和措施，只是强调企业的社会责任而已。这样，在经济扩张时期，企业对劳动力的需求增加，通过积极劳动力市场政策的培训，可以满足市场对劳动力的不同需求。然而，在经济下滑时期，企业对劳动力的需求减少，持续激活失业者会引起劳动力供给的增加，同时导致公共支出的增加，进而会引起削减激活计划支出的政治压力。另一方面，欧盟积极劳动力市场政策具有挤出效应。雇主为了获得政府津贴，会选择雇佣一个享有政府津贴的失业者，解雇企业的在岗职工。这样，非正规就业人员占据了正规就业人员的岗位，正规就业减少，非正规就业增加，总体就业可能不会改变。

欧盟积极劳动力市场政策中的激活计划虽然对失业者起到了刺激和激励的作用，但也存在几个潜在的弊端。首先，激活计划，尤其是立即激活计划，对能立即就业的失业者存在不利的影响。失业者为了避免必须参加激活计划，就在必须参加之前，匆匆地寻找一份并不一定合适的工作，这无疑是必须参加激活计划引起的。可见，立即激活计划只适合于需要有社会救助的特定人群。其次，参加激活计划的期间，工作搜寻的强度会明显下降，而且失业者会希望完成这种持续的技能提升活动，这样参加激活计划期间的就业机会比没有参加时的机会明显减少。最后，参加激活计划以后，随着失业者的技能得到很大程度的提升，他们对于就业的期望和要求也会相应提高。此外，如果在参加激活计划之后仍然不能找到新的工作岗位，失业者往往会在主观上对职业培训等积极的劳动力市场政策产生心理排斥。因此，尤其是在经济萧条情况下，积极劳动力市场政策会对就业产生不利的影响。

欧盟积极劳动力市场政策的支出占 GDP 的百分比偏高，加重了各国财政支出的负担。虽然由于 GDP 基数逐年增加，欧盟各国积极劳动力市场政策的支出占 GDP 的百分比呈逐渐缩小或基本稳定的趋势，但目前的比例仍然较高。以 2008 年为例，丹麦支出比例为 1.4%，比利时支出比例为 1.3%，荷兰、瑞典支出比例为 1%。金融危机后，积极劳动力市场政策的支出比例增加。2011 年，丹麦 2.3%，比利时 1.6%，荷兰、瑞典 1.1%。具体见附录 A 的表 7。

此外，欧盟成员国的积极劳动力市场政策地方化，如丹麦、荷兰、爱尔兰、奥地利等国家，并不是在所有国家都有效，如德国。积极劳动力市场政策地方化要依赖于中央政府的支持和地方政府的配合；而且，就业政策的实施应该是基于功能，而不是基于地理位置考虑，劳动力市场政策的地方化会在一定程度上阻碍劳动力的自由流动，影响统一劳动力市场政策优势的发挥。

（三）正规就业保障性问题

如前所述，有些欧盟成员国对正规就业和非正规就业保护的严厉程度有很大差异，对正规就业的保护程度非常严厉。正规就业劳动者受到如此高的就业政策保护，工作的优越感很强，几乎没有失业的风险。这些劳动者很满足自己的“金饭碗”，不但工作的积极性不高、进取心不强、工作效率低下，而且不愿参加各种学习、培训，接受新知识和新技术，这对劳动者的职业素质、用人单位的工作效率，以至整个国家经济的发展都存在很大的不利影响。

（四）非正规就业劳动者地位问题

欧盟非正规就业主要包括部分时间就业、临时就业和自就业等就业形式，非正规就业劳动者地位相对较低，很容易触发一系列新的社会安全问题。虽然各国政府都非常重视非正规就业及其权益的保护，但是非正规就业劳动者的地位问题仍不容忽视。

一般来讲，非正规就业劳动者享有很少的社会安全权利，而且他们参与培训和接受教育的机会也很少。此外，临时合同的劳动者在他们合同期满时，还不能得到遣散费。如果临时合同劳动者得到一份开放式合同，他们的地位将大大改善。但临时合同成功转换成开放式合同的程度很难准确的计算。据估算，在荷兰，有 20% 左右的临时合同在 1 年后会转换成开放式合同①。这个比例相对临时机构劳动者来说还是有点高，尤其是青年要转换成开放式合同，难度较大。而低技术劳动者和部分时间劳动者要转换成永久合同则要面临更大的困难。荷兰临时机构劳动者中 61% 倾向于有一个永久性工作，但 2004 年只有 33% 拥有，在没有找到永久性工作的劳动者中，18% 的劳动者会找到一个开放式合同（Statistics Netherlands 2006）。2008 年 6 月，社会事务与就业部建议到 2016 年劳动力参与率达到 80%。提案建议劳动力市场改革的同时，要减轻劳动者的不安全感受，尤其是失去工作的风险。

第二节　欧盟劳动力市场灵活保障模式的改革方向

欧盟劳动力市场灵活保障模式代表了历史发展与社会进步的方向，面临严峻的挑战，必须继续探索更好的权衡劳动力市场灵活性和保障性，改善劳动力市场表现，提升劳动力市场参与的路径。

① Lans Bovenberg，Ton Wilthagen，“Flexicurity: Lessons and Proposals from the Netherlands”，2008，p.12.

一、转换劳动力市场灵活性和保障性的侧重点

在劳动力市场灵活性方面，不能一味地追求外部、内部数量灵活性以及功能灵活性，要充分重视工资灵活性。这种侧重点的转换在欧盟国家基本达成共识。一定程度上讲，工资灵活性可以避免人员以及岗位的频繁流动，既能在劳动力需求减少时，降低工资成本，又能在劳动力需求增加时，避免临时招工成本的增加。根据现实需要，工资的变化既具有一定的灵活性，又能保障就业。金融危机发生后，德国采取的缩减工作时间救济制度（System of Short-time Work，简称 STW）取得了很好的效果。

在劳动力市场保障性方面，不能一味地追求工作保障及收入保障，要充分重视就业保障，甚至更高水平的综合性保障。这种侧重点的转换在欧盟国家已经达成共识。工作保障及收入保障可以看做是初级阶段的保障，如前所述，这种保障不可避免地带来一些弊端。就业保障的重心是以人为本，以就业为本，通过提升劳动者的技能，实现各种不同形式的就业。至于综合性保障，可以看做是最高水平的保障，是在工作、学习和生活之间的平衡，涉及工作单位、家庭和社会各个方面。虽然实现综合性保障的难度很大，但确是未来大的发展趋势。

二、充分发挥劳动力需求方的作用

就业问题既涉及劳动力的供给方，也涉及劳动力的需求方。然而，在欧盟以往的劳动力市场政策中，却忽视了企业的作用。失业问题的解决最终还是取决于企业的吸纳能力，做到人人都有工作。首先，通过各种方式进行宣传，强调企业的社会责任。其次，给予企业适当的补贴，对弱势群体给予适当的照顾。最后，由企业自主带动部分符合条件者创业，给予适当的指导和帮助。

另外，要充分重视中小企业的发展。中小企业可以通过较少的投资

创造更多的工作岗位，而且基于中小企业自身的灵活性，它能够保持就业的相对稳定，减缓就业的压力。2012 年欧盟峰会强调，中小企业在研发投入和技术创新等方面表现出了极大的竞争力和效率，国际化程度也比较高。因此，在未来的发展中，要给予中小企业，尤其是第三产业，在财政、税收、金融等方面政策的支持，壮大实力，以创造更多的就业机会，提高劳动力市场需求。

三、实施有效的积极劳动力市场政策

积极劳动力市场政策是欧盟劳动力市场灵活保障模式的关键，各国都给予了充分的重视，其对解决失业问题也起到了重要作用。但是，在具体的实施过程中，要有所差异，不能“一刀切”，要因地、因时制宜，并要注重实施的效果。

在欧盟积极劳动力市场政策的具体措施中，促进求职者与空缺岗位的匹配被认为是成本较低而且效果较好的措施，而劳动力市场培训和创造更多的临时岗位则具有成本较高且替代效应较强的特点。因此，在以后积极劳动力市场政策实施过程中，应该充分重视公共就业服务，加强对劳动力市场的监控，尤其是摩擦性失业较多的国家。

积极劳动力市场政策实施中的激活计划，对避免当时的贫困陷阱和促进就业，起到了积极作用。但是，如前所述，激活计划也存在一定的弊端。对于参加激活计划的人群的范围、参加时间以及参加期间的义务，都应该重新审视，有所侧重，不能一概而论。

对于积极劳动力市场政策的地方化，要谨慎实施，尽量避免影响劳动力的自由流动。积极劳动力市场政策的地方化，必须根据当地劳动力市场的发展状况，充分考虑社会伙伴的建议，才能有针对性，并提高劳动力市场政策的有效性。

四、完善社会福利制度

适当降低慷慨的社会福利支出，降低政府财政支出的风险。并且，要合理安排失业保险、失业救济的支出，使其确实能达到促进就业的作用。

首先，合理确定社会福利支出的规模。适当降低被动措施支出的比例，并讲求政策的实施效果。将对失业者的失业救济与其参加激活性的积极劳动力市场政策联系起来。失业者在失业后享有领取失业救济金的权利，同时也有义务积极参加激活性劳动力市场项目。比如，其中参加相关的职业培训和就业安置计划等。

其次，降低失业救济的期限。研究表明，失业时间越长，失业者找到工作的可能性就越小，而且失业者在三个月内找到工作的可能性最大。慷慨的失业救济会使很多失业者不愿在领取失业救济期间积极寻找工作，尤其是在经济危机期间。这样，会给政府的财政支出造成巨大的压力。

五、充分重视非正规就业

随着劳动力市场灵活性的增强，非正规就业发展越来越快，就业形式多种多样、参加人数越来越多。非正规就业问题处理不好，会影响社会稳定，在未来的发展中要给予充分的重视。

首先，提高非正规就业劳动者的社会地位。通过社会舆论进行引导，提高人们对非正规就业的认识。另外，政府实施的各种政策，尤其是社会保险，要尽力全面覆盖非正规就业劳动者，不存在各种情况的歧视。这是对非正规就业劳动者最根本的保障。其次，改善非正规就业劳动者的待遇。主要包括进一步改善工作条件、提高工资水平、增加接受教育和培训的机会，从根本上提高非正规就业劳动者的素质。最后，增强非正规就业劳动者的维权意识。除了加强教育、引导以外，最根本的还是需要增强相关部门帮助、支持维权的意识。

此外，需要充分重视政府的作用。不论是劳动力市场政策的制定、实施和监督等一系列事前、事中和事后措施，还是要完善劳动力市场的配套设施，都需要政府发挥主导作用。具体来讲，主要包括劳动力市场相关法律法规的完善、失业保险制度的健全、积极劳动力市场政策的实施，以及终身学习的强化、社会对话的发展和税收的支持。

第八章　欧盟劳动力市场灵活保障模式对中国的启示

实践证明，欧盟劳动力市场灵活保障模式是解决失业问题的一条有效的路径。但是，欧盟社会伙伴认为，没有一种单一的模型适用于所有成员国。同样，欧盟劳动力市场灵活保障模式也并不能普遍适应中国的国情，中国必须基于自身一定的社会、历史、文化、政治环境和背景，构建适合的灵活保障劳动力市场。为此，本章介绍构建中国灵活保障劳动力市场的基本思路以及基本措施和配套措施。

第一节　构建中国灵活保障劳动力市场的基本思路

一、构建中国灵活保障劳动力市场的权衡点选择

如前所述，欧盟劳动力市场灵活保障模式是在灵活性和保障性之间寻求平衡。但是，各国灵活性和保障性的侧重点又各不相同。所以，构建中国灵活保障劳动力市场必须首先要找到灵活保障的权衡点。

总的来讲，目前中国劳动力市场灵活性和保障性的具体情况还比较复杂，呈现出“两极分化”的状况。一方面，对于正规就业的劳动力市场，是保障性有余，灵活性不足；另一方面，对于非正规就业[①] 的劳动力

① 我国的规范称呼应该是灵活就业，这里的非正规就业是为了与前文一致。

市场，则是灵活性有余，保障性不足。

劳动力市场的灵活性有利于提高经济效率，增强国际竞争力；劳动力市场的保障性有利于缓解贫富差距，维护社会稳定。只有通过灵活性与保障性的有机结合，才能实现雇主与雇员的双赢，才能促进就业与其他社会经济目标协调发展①。在中国和谐社会的战略目标下，劳动力市场的灵活性必须以对劳动者的保障性为前提。所以，现阶段，构建中国灵活保障劳动力市场，应该在兼顾灵活性和保障性的同时，侧重保障性，尤其是对于弱势群体。

二、构建中国灵活保障劳动力市场的路径选择

鉴于中国劳动力市场情况的复杂性，构建中国灵活保障劳动力市场可以有不同的路径选择。

针对目前严重的结构性失业，构建灵活保障劳动力市场可以选择前文所述的第三条路径，即处理劳动者技术和机会的缺口。结构性失业指的是既存在工作岗位的缺口，企业雇佣不到合适的劳动者，又存在劳动力供给的过剩，劳动者找不到合适的工作。这种情况下的重点是在确保失业者社会保障的基础上，提高其劳动技能，尤其是低技能劳动者，并建立起供需之间的联系，加强信息交流和沟通。具体的措施是加大对教育投资的力度，强化职业教育和培训，并实施有效的积极劳动力市场政策。具体见本书的第二章第二节内容，不再赘述。

针对劳动力市场分割、存在内部人与外部人市场的情况，构建灵活保障劳动力市场可以选择前文所述的第一条路径，即处理合同的分割。内部人的工作稳定，工作条件优越，福利待遇高，外部人则恰好相反。这种情况下的重点应该是确保外部人社会保障的基础上，提高劳动者的劳动技

---

① 成新轩、于艳芳：《欧盟灵活保障模式：内涵、运行与启示》，《河北学刊》2010年第10期。

能，并确保其工作的稳定。具体的措施是通过安全的合同安排，增加外部人流动的保障性，提高外部人的地位和接受培训的机会，并实施有效的积极劳动力市场政策。具体见本书第二章第二节内容，不再赘述。

三、构建中国灵活保障劳动力市场的总体趋势

中国的劳动力市场经过几十年的发展，日渐成熟。虽然存在一定的灵活性和保障性，但是还很不健全，仍然需要统筹规划，确定未来的发展方向。

从灵活性的角度，中国目前存在着大量的外部数量灵活性。改革开放以来，中国劳动力市场的灵活性水平已经很高，非全日制就业、临时就业、家庭就业和自营就业等各种灵活就业方式得到了快速发展，非正规就业人数大量增加，非正规就业契约形式多种多样[①]。至于功能灵活性，目前还处于雏形阶段，虽然我们也提倡带薪休假、育儿假、技术培训，但这些雇员离开时的工作岗位还没有被失业者暂时替代；实现工资灵活性的集体谈判制度更是流于形式。借鉴欧盟国家经验，从未来的发展趋势来看，中国应该在继续坚持外部数量灵活性的同时努力实现功能灵活性和工资灵活性。功能灵活性既能够提升劳动者的技能，又能够部分解决就业问题，也是丹麦、荷兰等国家以后的发展趋势；工资灵活性通过双方的工资谈判可以规避外部环境变化给企业带来的冲击，虽然实现的难度很大，但确是未来的发展趋势。

从保障性的角度，中国目前存在部分工作保障，对正规就业的保护非常严格，各种行政事业单位的职工仍然抱着“铁饭碗”。至于收入保障，比如失业保险，中国的情况还很复杂，虽然存在，但是还有种种问题，详见下文分析。借鉴欧盟国家经验，从未来的发展趋势来看，中国应该实现

① 成新轩、于艳芳：《欧盟灵活保障模式：内涵、运行与启示》，《河北学刊》2010 年第 10 期。

从工作保障到就业保障的转换，同时继续强化收入保障。就业保障是保障每个人都有工作，而不一定在同一工作单位或同一工作岗位，这在目前欧盟成员国基本达成共识。

中国劳动力市场的灵活性和保障性现状及未来发展方向，见表 8－1。

表 8－1　中国劳动力市场灵活性、保障性现状和发展方向

灵活性	现有政策	发展方向	发展方向	现有政策	保障性
外部数量灵活性	＋	＋		＋ －	工作保障
内部数量灵活性			＋		就业保障
功能灵活性	＋ －	＋	＋	＋ －	收入保障
工资灵活性		＋			综合保障

注："＋ －" 表示这方面功能还较弱或对于不同群体的作用不同。

第二节　构建中国灵活保障劳动力市场的基本措施

一、确保灵活、安全的合同安排

通过灵活、安全的合同安排，可以实现劳动力市场外部数量灵活性和就业保障的结合。尤其是对于中国这样非正规就业发达的国家，灵活、安全的合同安排非常重要。而灵活、安全的合同安排是以现代化的劳动法律法规体系为基础的。自 1995 年 1 月 1 日实施《中华人民共和国劳动法》以来，相继于 2008 年 1 月 1 日实施《中华人民共和国劳动合同法》和《中华人民共和国就业促进法》，于 2008 年 5 月 1 日实施《中华人民共和国劳动争议调解仲裁法》，于 2011 年 7 月 1 日实施《中华人民共和国社会保险法》。至此，中国已经基本形成了劳动法律体系，初步具备了探求劳动力市场灵活性与保障性的法制条件。

鉴于中国非正规就业劳动力市场灵活性有余、保障性不足的情况，以上法律在促进就业、保障劳动者的合法权益方面发挥了重要作用。但是，与其他国家的劳动法相比，中国法律的各项条款还过于简单，立法内容还比较粗疏，许多规定还只是政策性的，缺乏可操作性；与之配套的专项法律和法规，如《劳动保护法》、《职业技能开发法》、《劳动监察法》和《工资法》等，还没有实施。另外，还存在严重的执法不严问题。

构建灵活保障劳动力市场，确保灵活、安全的合同安排，迫切需要在贯彻执行现有法律法规的基础上，颁布专门促进公平就业和反对歧视的法律法规。可以借鉴荷兰的经验，先颁布实施《禁止工作时间歧视法》等专门法，最终颁布充分考虑灵活性和保障性的法律——《灵活保障法》。

二、健全失业保险制度

自 1999 年实施《失业保险条例》（以下简称《条例》）以来，劳动和社会保障部先后颁布了《关于事业单位参加失业保险有关问题的通知》和《关于调整失业保险基金支出项目有关问题的通知》，各省、自治区、直辖市也相应制定了地方性法规和规章；并且 2011 年 7 月 1 日开始实施《中华人民共和国社会保险法》（以下简称《社会保险法》）。至此，我国也初步建立起了较为完善的失业保险法律体系。但是，不论是从失业保险的覆盖范围、失业保险资金的筹集和使用上，还是从失业保险待遇标准和期限方面，都需要进一步加强。

（一）失业保险的覆盖范围和资格审查

《条例》规定，失业保险的覆盖范围是城镇企业事业单位职工，《社会保险法》规定，进城务工的农村居民依照本法规定参加社会保险，被征地农民纳入相应的社会保险制度。可以看出，失业保险的覆盖范围有所扩大，但仍要求必须是以前有工作然后失业的失业者，一开始就失业的高校毕业生以及非正规就业人员没有包括进去。同时，失业者自办理失业登记之日起，就可以领取失业保险金，不需要任何的等待期。在进行资格审查时，也比较宽松，缺乏对于失业者的家计调查，“少领多领”的现象时有发生，不利于公平。

为此，应该逐步扩大失业保险的覆盖范围，最终覆盖所有的失业者。对于高校毕业生和非正规就业人员可以有针对性地采取不同的措施，如高校毕业生就业后补缴失业保险费。另外，就是要加强领取失业保险的资格审查，使真正困难的失业者得到应有帮助。

（二）失业保险资金的筹集和使用

1. 失业保险资金的筹集

按照《社会保险法》规定，用人单位和职工都要按照国家规定共同缴纳失业保险费。《条例》规定，用人单位应该按照本单位工资总额的2%缴纳，职工应该按照本人工资的1%缴纳；同时，县级以上人民政府对社会保险事业给予必要的经费支持。虽然截至2009年底，失业保险基金滚存结余1524亿元①，2010年年末失业保险基金累计结存1750亿元②，并呈不断膨胀的趋势。但是，许多用人单位和职工缴纳的积极性并不高，仍然存在误解失业保险制度，或出于各种目的，以各种方式拖欠、抵制缴纳失业保险的情况。

为此，应该强化用人单位和职工对失业保险的认识，并加强失业保险经办机构的征缴力度和相关部门的执法力度。由于失业保险的特殊性，为刺激职工缴纳失业保险的积极性，可以考虑对没有失业、没有享受失业保险待遇的职工，在退出劳动力市场时给予一次性的补贴。为刺激用人单位缴纳失业保险的积极性，可以借鉴国外动态缴费比例的做法，即实行灵活的“浮动费率”和“差别费率”。失业保险费率根据失业率的变化进行反向调整；根据用人单位解雇雇员数量的不同实行差别待遇。

---

① 人力资源社会保障部：《2009年度人力资源和社会保障事业发展统计公报》2010年第5期。

② 人力资源社会保障部：《2010年度人力资源和社会保障事业发展统计公报》2011年第8期。

2. 失业保险资金的使用

在失业保险资金的使用上，应该强调失业保险促进就业和预防失业的功能，改失业保险为就业保险。纵观发达国家的失业保险制度，基本上按照从救济型到福利型再到促进就业型的轨迹发展[①]。从目前水平来看，我国用于就业培训等促进就业方面的资金比例还远远低于欧盟国家水平。在德国，仅把60%的失业保险基金用于保险给付，其他的40%主要用在促进就业的工作上，如职业介绍补贴、职业培训补贴、企业雇佣补助等。保障不是目的，促进就业才是根本。应该适当扩大失业保险资金的使用范围，对困难企业、特困群体给予岗位补贴和职业培训补贴，使失业保险真正发挥社会保障的作用。

（三）失业保险待遇和领取期限

1. 失业保险待遇

按照规定，失业保险待遇由失业保险金、医疗补助金、丧葬补助金和抚恤金、职业培训和职业介绍补贴等构成，其中失业保险金是最主要的部分。

按照《条例》规定，每月平均失业保险金水平一般为各省、市最低工资的60%—80%，从全国平均水平来说，每月大约为150—450元[②]。失业保险金标准统一，并没有考虑失业者赡养家庭人口的需要，如此低的失业保险水平，很难保障劳动者失业期间的基本生活。2006年全国平均失业保险待遇为300元[③]；2009年全国失业人员月平均领取失业保险金446元，失业保险金替代率为17%[④]。与欧盟相比，中国失业保险替代率太低。

为此，应该上调失业保险待遇，但不应为了支出或缓解基金压力而

---

① 马斌：《社会保险理论与实践》，中国劳动社会保障出版社2006年版。

② 孙鸿艳：《我国失业保险金领取资格管理对策研究》，《社会观察》2006年第5期。

③ 郑秉文：《从国际比较看中国失业保险制度改革取向》，《中国经贸导刊》2010年第6期。

④ 莫荣：《发挥失业保险预防失业、促进就业的作用》，《中国社会保障》2010年第9期。

支出。由于失业保险对再就业具有内在的抑制效应，必须确保待遇水平适度。既能维持失业者在失业期间的基本生活水平，又要防止陷入“失业陷阱”。同时，失业保险待遇标准要灵活化，不能“一刀切”，并应适当提高统筹层次。

2. 失业保险领取期限

按照《社会保险法》规定，失业人员失业前所在用人单位和本人按照规定累计缴费时间满 1 年不足 5 年的，领取失业保险金的期限最长为 12 个月；累计缴费时间满 5 年不足 10 年的，领取期限最长为 18 个月；累计缴费时间在10年以上的，领取期限最长为24个月。相对欧盟国家来说，中国失业保险金的领取期限较长，而且没有任何限制条件，会或多或少地助长不劳而获的风气，增加失业保险的开支。

为此，应该缩短失业保险金的领取期限。或者借鉴欧盟经验，区分主动和被动领取期限，延长主动领取期限。总之，失业保险待遇要与领取期限配合使用，领取期限越长，待遇越低；待遇越高，领取期限越短。

此外，目前失业保险基金结余主要是机关事业单位的缴费沉淀，或者是基于失业保险范围狭窄和待遇水平低下。多年来，失业保险基金收益率不到 2%，失业保险基金面临贬值风险，必须提高失业保险基金投资的收益率，适当时，可以考虑由省级政府发行特种国债①。

三、实施积极劳动力市场政策

积极劳动力市场政策可以降低失业率、提高就业率和劳动力参与率，可以为构建灵活保障劳动力市场提供强有力的支持。我国为促进就业的积极劳动力市场政策于 2004 年正式实施，取得了诸如直接创造或者开发就业机会，对企业的税费减免和小额担保贷款政策，培训政策和就业服务体系政策，发放《再就业优惠证》，促进农村劳动力转移和促进大学生就业

① 郑秉文：《从国际比较看中国失业保险制度改革取向》，《中国经贸导刊》2010 年第 6 期。

政策等一系列成绩[①]。但是，不论是从劳动力供给、需求方面，还是从劳动力市场方面，还存在一些问题，需要借鉴欧盟国家的经验，大力改进。

（一）劳动力市场培训

劳动力市场培训是强化劳动力供给的主要措施，职业培训是劳动力市场政策的基础。从大部分市场经济国家来看，职业培训主要包括职前培训、在职培训和转岗培训以及“创业培训”，并主要针对长期失业者、下岗失业者和青年失业者。通过对不同失业者的各种不同层次的培训，提升劳动技能、增强工作岗位适应性，可以增强企业内部功能灵活性，并有利于实现就业保障。

1. 对失业者实行激活计划

为了规避失业保险的弊端，欧盟各国都实行激活计划，失业者必须按照要求参加各种培训。按照《社会保险法》规定，失业人员在领取失业保险金期间，无正当理由，拒不接受当地人民政府指定部门或者机构介绍的适当工作或者提供的培训的，停止领取失业保险金，并同时停止享受其他失业保险待遇。

2. 加强职业培训机构建设

自2009年《关于进一步加强公共就业服务体系建设的指导意见》实施，成立公共就业服务机构以来，劳动力市场就形成了以公共就业服务机构为主体，民营和外资中介机构为重要组成部分，以网络为依托的就业服务企业为补充的培训机构体系。虽然很多国家已经完成了向私人机构的过渡，但我国目前还是应该以公共就业服务机构为主，促进弱势群体就业。

对于公共就业服务机构，应该加大宣传力度，突出其主导地位，并进一步加大投资力度，提高工作人员的数量和素质，以保证公共就业服务的效率和质量。据统计，我国平均每个就业服务机构只有3名工作人员，

---

① 吴晓琪：《积极的劳动力市场政策在治理失业中的作用研究——以福建省为例》，博士学位论文，厦门大学，2009年，第31—32页。

每名工作人员的服务对象大约有1.2万人；而且并非所有工作人员都是全职的①。这样低的人员配置很难达到促进就业的效果。对于非公共职业介绍机构，应该进一步加强审批和管理，规范合法职业介绍机构的行为，打击非法职业介绍机构的活动，充分发挥其应有的作用。此外，还应该加强公共就业服务机构和非公共职业介绍机构之间的交流、合作，实现信息资源共享。

3. 建立“需求导向型”培训制度

劳动力市场培训要在充分了解市场需求的基础上进行，避免盲目操作，造成资源浪费。必要的话，可以组织企业代表加入，听取其意见。

（二）创造更多的工作岗位

创造更多的工作岗位是通过刺激劳动力需求，创造更多的新工作岗位或者维持现有工作岗位。目前，最常采取的措施是公共工程建设，工资和再就业补贴以及自雇用帮助。

1. 公共工程建设

公共工程建设是一种直接的工作岗位创造，主要针对的是弱势群体和长期失业者，主要解决的是短期就业。在大力开发公共部门就业岗位时，优先考虑在城市绿化、清洁、环境保护、社区服务等社会公益性的工作岗位上，安排弱势群体就业，以充分发挥其潜力，使其自食其力②。

2. 工资和再就业补贴

工资和再就业补贴是鼓励雇主雇用新的雇员，或者是留住那些因各种原因本来可能会被解雇的雇员，主要针对的是长期失业者③。如瑞典，

① 曾湘泉：《劳动力市场中介组织的发展与就业促进》，《中国人民大学学报》2009年第6期。

② 成新轩、于艳芳：《欧盟灵活保障模式：内涵、运行与启示》，《河北学刊》2010年第10期。

③ Gordon Betcherman，Karina Olivas，and Amit Dar：《积极的劳动力市场计划所产生的效果：从重点针对发展中国家和转轨国家的评价中所获得的新证据》，《世界银行社会保护部》2003年第9期。

企业雇用 6 名以上的失业青年可以享有 60% 的工资补贴；雇用残疾人等特困群体半年以上，可以享有 105% 的工资补贴[①]。通过补贴，既避免了失业，又减少了失业保险支出。

3. 自雇用帮助

自雇用帮助是对准备创建自己企业的失业者提供帮助，主要是提供一些资金、技术支持以及咨询服务，可以针对符合条件的所有失业者。自雇用帮助是缓解失业的很好的方法，既能帮助失业者，还能创造更多的就业机会，与我们提倡的创业计划完全相符。

（三）提供就业服务

提供就业服务主要是针对失业与岗位空缺同时存在的情况，是强化劳动力市场功能的主要措施。通过有效的措施，实现失业者和工作岗位之间的匹配，达到促进就业的目的。提供就业服务可以提高劳动力市场的效率，优化劳动力市场资源的配置。

目前，中国存在很大比重的摩擦性失业，信息缺乏是主要的原因。因此，有必要加强劳动力市场信息化建设，保证畅通的就业服务信息。现在，我国劳动力市场的信息网络还没有覆盖到每个社区，信息网络的作用还没有充分发挥出来，为此，应该在劳动力市场建立准确及时的劳动就业信息系统[②]。通过企业和失业者信息的登记，使各类职业介绍机构了解空岗情况和劳动者供给的信息，实现劳动力资源的合理配置，尽量把失业率控制到最低水平。

为更好地提供就业服务，还应该增强劳动力的流动性。借鉴瑞典经验，如果一个人搬到由就业机构推荐的地方工作，会得到一笔搬迁费和搬家费。实践证明，这种做法降低了结构性失业。为此，应该保证劳动力流

① 霍静娟、侯冰然：《瑞典积极的劳动力市场政策有效性分析》，《河北青年管理干部学院学报》2008 年第 3 期。

② 成新轩、于艳芳：《欧盟灵活保障模式：内涵、运行与启示》，《河北学刊》2010 年第 10 期。

动的畅通，适时改变现行的体制性障碍，即户籍制度和档案制度。

此外，实施积极劳动力市场政策离不开资金的支持。目前中国积极劳动力市场政策支出占 GDP 的比重不到 0.4%①，远远低于欧盟大部分国家水平。

第三节　构建中国灵活保障劳动力市场的配套措施

一、强化终身学习

“教育是立国之本”。2007 年，胡锦涛同志在党的十七大报告中强调，优化教育结构，不仅要重视义务教育、高中教育和高等教育的发展，还要大力强化职业教育、远程教育和继续教育，建立起全民终身学习② 的教育体系，提高劳动者尤其是新生劳动者的素质，为从根本上解决失业问题打下良好的基础。

（一）加强观念倡导

终身学习在欧盟国家已经有悠久的历史和丰富的经验，我国引入的时间还很短，需要加强观念的倡导。树立人人学习、时时学习的观念，除了充分认识基础教育、高等教育的重要性以外，还要积极倡导职业教育、远程教育和继续教育。

（二）规范法律法规和行政管理

在原来教育法律法规体系的基础上，进行重新审视。可以考虑颁布中国特色的《终身教育法》及《终身教育法实施条例》，或者修订现行的

① 杨宜勇：《专家建议实行更加积极的劳动力市场政策》，《中国经济时报》2007 年 8 月。

② 终身教育与终身学习是一个问题的两个方面，终身教育是实现终身学习的重要条件，本书不区分。

《教育法》及其配套法规。同时，建立终身教育行政管理机构，负责贯彻法律法规以及行各方面的领导和协调。

（三）构建终身教育体系

首先，提高各级教育的毛入学率。据教育部统计，2009 年小学毛入学率为 104.8%，初中毛入学率为 99%，高中毛入学率为 79.2%，高等教育毛入学率为 24.2%①。可见，我国国民教育水平与发达国家相比，还有很大的差距。

其次，加大投资力度。在提倡社会力量办学，鼓励民间资本投入的基础上，加大政府教育资金的投资力度。中国教育报（2009 年 11 月 30 日）刊登 2008 年世界部分国家的教育支出排行中，中国教育支出占 GDP 的百分比仅为 2.41%，排名第 51 位，远低于欧盟等国家水平。

再次，提高教师队伍的素质。充分重视教师自身的终身教育，根据各层次教育需要，加大对教师培训的力度，不断更新教师的知识，提高教师的技能。针对实践性强的教学活动，如职业教育，聘请企业、机构专家作为兼职教师，达到 1∶1 的专兼比例②。

最后，调整课程设置。各类教育要找准自己的位置，并不断根据就业形式以及社会、经济的发展，优化课程设置。基础教育、高等教育以理论教育为主，夯实基础；职业教育、成人教育以实践教育为主，可以在加强校内实践基地建设的同时，增加与校外企业合作，建立更多实习基地。

二、发展可持续的、有效的社会对话

在经济全球化时代，雇主与雇员在灵活性和保障性之间存在博弈关

① http://www.moe.edu.cn/publicfiles/business/htmlfiles/moe/s4959/201012/113470.html.

② 芮小兰：《发达国家职业教育制度的改革对我国的启示》，《消费导刊》2010 年第 1 期。

系。构建中国灵活保障劳动力市场，从根本上讲就是协调雇主与雇员之间的关系。达到两者利益的平衡，最好的方式就是通过雇主与雇员之间的对话，进行平等的协商。社会对话在企业和产业的层面上主要是实施集体谈判，在地方和国家的层面上，则主要是实施三方协商[①]。发展可持续的、有效的社会对话，需要建立健全政府、工会组织和企业组织之间的三方机制，并实行集体谈判制度。

（一）健全相关法律

任何国家的工会开展工作都应该有相应的法律法规依据，而目前，我国有关的法律只有《工会法》、《劳动法》、《劳动合同法》和《劳动争议调解仲裁法》。按照法律规定，县级以上人民政府应该建立健全协调劳动关系的三方机制。其中，工会负责指导劳动者依法订立并履行劳动合同以及维护劳动者的合法权益。但是，这些规定过于原则化、抽象化，不具有具体的指导价值；而且相互之间还有很多不一致的地方。因此，应该完善立法中的三方机制，并真正地贯彻执行。

（二）完善三方机制

首先是强化政府指导的作用。政府在劳动关系中扮演着重要角色，通过推动劳动关系双方的协商、谈判，建立起稳定协调的劳动关系。社会主义市场经济体制下的劳动者，在涉及自身权益方面往往处在弱势地位，需要依靠政府实施法律法规和有效的监督来维护劳动权益。但目前，政府及其代表——劳动行政部门对劳动关系双方协商的干预较多，没有准确的职能定位。所以，应该强化政府的指导、组织、协调作用。

其次是充分发挥工会的作用。工会是职工自愿结合，依法维护自身权益而建立起来的组织。工会组织应该发挥在维护职工权益中的核心作

---

① 王传荣：《经济全球化进程中的就业研究》，博士学位论文，西南财经大学，2005 年，第 45 页。

用。但目前，我国工会存在一些问题：一是缺乏独立性，依附政府行政；二是力量薄弱，覆盖率不高，据全国总工会统计，2004年年底参加工会组织的会员人数还不到劳动者人数的一半[①]；三是维权能力有限，没有执法权，资金缺乏，人员匮乏。为此，应该通过立法，提高工会的地位；通过广泛的宣传和真正的维权，吸纳更多的人参加工会；增加资金投入，提高人员素质，加强工会自身能力建设。

最后是加强企业组织的作用。企业组织是为了维护雇主自身利益而建立起来的组织。目前，企业联合会、企业家协会、行业协会等企业组织较多，但都不能覆盖所有的企业，在全国层面上，企业组织存在缺乏代表性的问题。

总之，仅由政府、工会或企业组织单方面处理劳动关系已不能适应经济社会发展的观点已经达成共识，要真正形成有效的三方机制，政府、企业组织和工会组织都应该坚持积极的态度，在履行自己职责的基础上，相互尊重的各方不同的利益，切实保障劳动者的合法权益。

（三）健全集体谈判制度

集体谈判制度是丹麦劳动力市场灵活保障模式的重要组成部分，通过集体谈判，双方可以就工作时间、工资、继续教育和培训进行谈判，提高劳动力市场的数量灵活性、工资灵活性和功能灵活性；还可以就工作条件、福利待遇进行谈判，提高劳动力市场的工作保障和就业保障。

2001年，我国开始推行集体谈判机制。但目前，行业、产业层面的集体谈判还很不成熟、不完善；仅有的集体谈判还主要集中在企业一级进行，而且形式主义严重。为此，应该借鉴欧盟经验，在增加工会密度的基础上，着重发展集体谈判制度，并拓宽谈判的内容，注重促进就业的措施。

---

① 陈晓宁：《论三方机制下工会的角色定位》，《中国劳动关系学院学报》2010年第10期。

三、充分发挥税收支持作用

国家各项政策的实施，如前文提到的积极劳动力市场政策、教育政策等，都离不开税收的支持。而目前，我国税收占GDP的比重只有17%，还远低于欧盟国家，可以考虑税收政策的结构性调整，适当增加部分税收收入。更重要的是，税收可以通过影响劳动力的供给和需求，对促进就业发挥调节杠杆的重要作用。

构建中国灵活保障的劳动力市场的关键是保障性，而保障性的根本是大力发展经济，发展能吸纳大量劳动力的劳动密集型企业、中小企业和第三产业的服务性企业。通过税收促进企业对劳动力的需求，要求税收给予最大程度的优惠，进一步完善税收减免和小额担保贷款贴息等政策。对安置下岗职工、农民工、大学毕业生等就业困难群体的企业给予更大力度的、更长期限的税收优惠。

税收会减少劳动者个人的可支配收入，同时产生替代效应和收入效应，进而影响劳动力的供给。因此，要求税收制度的设计要有弹性，充分考虑其对不同收入阶层的影响，尽量做到税收中性。

附录A——数据资料列表

表 1（a）　就业保护政策严厉程度——总体情况

年份＼国家	丹麦	荷兰	瑞典	芬兰	英国	爱尔兰	希腊	意大利	葡萄牙	西班牙	法国	奥地利	德国	比利时
1992	2.40	2.73	3.49	2.16	0.60	0.93	3.50	3.57	3.85	3.82	2.98	2.21	3.17	3.15
1993	2.40	2.73	2.47	2.16	0.60	0.93	3.50	3.57	3.85	3.82	2.98	2.21	3.21	3.15
1994	2.40	2.73	2.47	2.16	0.60	0.93	3.50	3.57	3.85	3.01	2.98	2.21	3.09	3.15
1995	1.50	2.73	2.47	2.16	0.60	0.93	3.50	3.57	3.85	3.01	2.98	2.21	3.09	3.15
1996	1.50	2.73	2.47	2.09	0.60	0.93	3.50	3.57	3.67	3.01	2.98	2.21	3.09	3.15
1997	1.50	2.73	2.24	2.09	0.60	0.93	3.50	3.26	3.67	2.93	2.98	2.21	2.34	2.15
1998	1.50	2.73	2.24	2.09	0.60	0.93	3.50	2.7	3.67	2.93	2.98	2.21	2.34	2.15
1999	1.50	2.12	2.24	2.09	0.60	0.93	3.50	2.7	3.67	2.93	2.98	2.21	2.34	2.15
2000	1.50	2.12	2.24	2.09	0.68	0.93	3.50	2.51	3.67	2.93	2.98	2.21	2.34	2.18
2001	1.50	2.12	2.24	2.02	0.68	0.93	3.50	2.01	3.67	3.05	3.05	2.21	2.34	2.18
2002	1.50	2.12	2.24	2.02	0.75	0.93	3.50	2.01	3.67	3.05	3.05	2.21	2.09	2.18
2003	1.50	2.12	2.24	2.02	0.75	1.11	2.73	1.82	3.67	2.98	3.05	1.93	2.09	2.18
2004	1.50	2.12	2.24	2.02	0.75	1.11	2.73	1.82	3.46	2.98	3.05	1.93	2.12	2.18
2005	1.50	2.12	2.24	2.02	0.75	1.11	2.73	1.82	3.46	2.98	3.05	1.93	2.12	2.18
2006	1.50	2.12	2.24	2.02	0.75	1.11	2.73	1.82	3.46	2.98	3.05	1.93	2.12	2.18
2007	1.50	2.04	2.24	2.02	0.75	1.11	2.73	1.82	3.46	2.98	3.05	1.93	2.12	2.18
2008	1.50	1.95	1.87	1.96	0.75	1.11	2.73	1.89	3.15	2.98	3.05	1.93	2.12	2.18
2009	2.35	2.87	2.58	2.01	1.68	1.91	2.93	3.15	3.69	2.76	2.73	2.62	3.09	2.76
2010	2.35	2.87	2.58	2.01	1.68	1.91	2.93	3.15	3.49	2.76	2.67	2.62	3.09	2.89
2011	2.39	2.87	2.58	2.01	1.68	1.91	2.48	3.15	3.49	2.65	2.67	2.62	3.09	2.89
2012	2.39	2.87	2.58	2.01	1.68	2.00	2.48	3.15	3.08	2.65	2.67	2.62	3.09	2.76

续表

国家 年份	丹麦	荷兰	瑞典	芬兰	英国	爱尔兰	希腊	意大利	葡萄牙	西班牙	法国	奥地利	德国	比利时
2013	2.39	2.93	2.58	2.01	1.56	2.00	2.44	2.87	2.81	2.36	2.67	2.62	3.09	2.76

资料来源：http://stats.oecd.org/Index.aspx?DatasetCode=LFS_SEXAGE_I_R.

表 1（b） 就业保护政策严厉程度——正规就业

国家 年份	丹麦	荷兰	瑞典	芬兰	英国	爱尔兰	希腊	意大利	葡萄牙	西班牙	法国	奥地利	德国	比利时
1992	1.68	3.08	2.90	2.45	0.95	1.60	2.30	1.77	4.33	3.88	2.34	2.92	2.58	1.68
1993	1.68	3.08	2.86	2.45	0.95	1.60	2.30	1.77	4.33	3.88	2.34	2.92	2.68	1.68
1994	1.68	3.08	2.86	2.45	0.95	1.60	2.30	1.77	4.33	2.77	2.34	2.92	2.68	1.68
1995	1.63	3.08	2.86	2.45	0.95	1.60	2.30	1.77	4.33	2.77	2.34	2.92	2.68	1.68
1996	1.63	3.08	2.86	2.31	0.95	1.60	2.30	1.77	4.33	2.77	2.34	2.92	2.68	1.68
1997	1.63	3.08	2.86	2.31	0.95	1.60	2.30	1.77	4.33	2.61	2.34	2.92	2.68	1.68
1998	1.63	3.08	2.86	2.31	0.95	1.60	2.30	1.77	4.33	2.61	2.34	2.92	2.68	1.68
1999	1.63	3.05	2.86	2.31	0.95	1.60	2.30	1.77	4.33	2.61	2.34	2.92	2.68	1.68
2000	1.63	3.05	2.86	2.31	1.12	1.60	2.30	1.77	4.33	2.61	2.34	2.92	2.68	1.73
2001	1.63	3.05	2.86	2.17	1.12	1.60	2.30	1.77	4.33	2.61	2.47	2.92	2.68	1.73
2002	1.63	3.05	2.86	2.17	1.12	1.60	2.30	1.77	4.33	2.61	2.47	2.92	2.68	1.73
2003	1.63	3.05	2.86	2.17	1.12	1.60	2.30	1.77	4.33	2.46	2.47	2.37	2.68	1.73
2004	1.63	3.05	2.86	2.17	1.12	1.60	2.30	1.77	4.17	2.46	2.47	2.37	3.00	1.73
2005	1.63	3.05	2.86	2.17	1.12	1.60	2.30	1.77	4.17	2.46	2.47	2.37	3.00	1.73
2006	1.63	3.05	2.86	2.17	1.12	1.60	2.30	1.77	4.17	2.46	2.47	2.37	3.00	1.73
2007	1.63	2.88	2.86	2.17	1.12	1.60	2.30	1.77	4.17	2.46	2.47	2.37	3.00	1.73
2008	1.63	2.72	2.86	2.17	1.12	1.60	2.30	1.77	4.17	2.46	2.47	2.37	3.00	1.73
2009	2.03	2.84	2.52	2.38	1.25	1.37	2.69	2.60	4.17	2.22	2.60	2.12	2.72	2.08
2010	2.03	2.84	2.52	2.38	1.25	1.37	2.69	2.60	3.88	2.22	2.60	2.12	2.72	2.27
2011	2.10	2.84	2.52	2.38	1.25	1.37	2.12	2.60	3.88	2.08	2.60	2.12	2.72	2.27
2012	2.10	2.84	2.52	2.38	1.25	1.50	2.12	2.60	3.31	2.08	2.60	2.12	2.72	2.08
2013	2.10	2.84	2.52	2.38	1.12	1.50	2.07	2.41	3.01	1.95	2.60	2.12	2.72	2.08

资料来源：http://stats.oecd.org/Index.aspx?DatasetCode=LFS_SEXAGE_I_R.

表 1（c） 就业保护政策严厉程度——临时就业

国家 年份	丹麦	荷兰	瑞典	芬兰	英国	爱尔兰	希腊	意大利	葡萄牙	西班牙	法国	奥地利	德国	比利时
1992	3.13	2.38	4.08	1.88	0.25	0.25	4.75	5.38	3.38	3.75	3.63	1.50	3.75	4.63
1993	3.13	2.38	2.08	1.88	0.25	0.25	4.75	5.38	3.38	3.75	3.63	1.50	3.75	4.63
1994	3.13	2.38	2.08	1.88	0.25	0.25	4.75	5.38	3.38	3.25	3.63	1.50	3.50	4.63
1995	1.38	2.38	2.08	1.88	0.25	0.25	4.75	5.38	3.38	3.25	3.63	1.50	3.50	4.63
1996	1.38	2.38	2.08	1.88	0.25	0.25	4.75	5.38	3.00	3.25	3.63	1.50	3.50	4.63
1997	1.38	2.38	1.63	1.88	0.25	0.25	4.75	4.75	3.00	3.25	3.63	1.50	2.00	2.63
1998	1.38	2.38	1.63	1.88	0.25	0.25	4.75	3.63	3.00	3.25	3.63	1.50	2.00	2.63
1999	1.38	1.19	1.63	1.88	0.25	0.25	4.75	3.63	3.00	3.25	3.63	1.50	2.00	2.63
2000	1.38	1.19	1.63	1.88	0.25	0.25	4.75	3.25	3.00	3.25	3.63	1.50	2.00	2.63
2001	1.38	1.19	1.63	1.88	0.25	0.25	4.75	2.25	3.00	3.50	3.63	1.50	2.00	2.63
2002	1.38	1.19	1.63	1.88	0.38	0.25	4.75	2.25	3.00	3.50	3.63	1.50	1.50	2.63
2003	1.38	1.19	1.63	1.88	0.38	0.63	3.13	1.88	3.00	3.50	3.63	1.50	1.50	2.63
2004	1.38	1.19	1.63	1.88	0.38	0.63	3.13	1.88	2.75	3.50	3.63	1.50	1.25	2.63
2005	1.38	1.19	1.63	1.88	0.38	0.63	3.13	1.88	2.75	3.50	3.63	1.50	1.25	2.63
2006	1.38	1.19	1.63	1.88	0.38	0.63	3.13	1.88	2.75	3.50	3.63	1.50	1.25	2.63
2007	1.38	1.19	1.63	1.88	0.38	0.63	3.13	1.88	2.75	3.50	3.63	1.50	1.25	2.63
2008	1.38	1.19	0.88	1.75	0.38	0.63	3.13	2.00	2.13	3.50	3.63	1.50	1.25	2.63
2009	1.38	0.94	0.81	1.56	0.38	0.63	2.75	2.00	1.94	3.00	3.63	1.31	1.00	2.38
2010	1.38	0.94	0.81	1.56	0.38	0.63	2.75	2.00	1.94	3.00	3.63	1.31	1.00	2.38
2011	1.38	0.94	0.81	1.56	0.38	0.63	2.5	2.00	1.94	2.56	3.63	1.31	1.00	2.38
2012	1.38	0.94	0.81	1.56	0.38	0.63	2.25	2.00	1.94	2.69	3.63	1.31	1.00	2.38
2013	1.38	0.94	0.81	1.56	0.38	0.63	2.25	2.00	1.94	2.56	3.63	1.31	1.13	2.38

资料来源：http://stats.oecd.org/Index.aspx?DatasetCode=LFS_SEXAGE_I_R.

表 1（d） 就业保护政策严厉程度——集体解雇

国家 年份	丹麦	荷兰	瑞典	芬兰	英国	爱尔兰	希腊	意大利	葡萄牙	西班牙	法国	奥地利	德国	比利时
2000	3.88	3.00	3.75	2.63	2.88	2.38	3.25	4.88	2.88	3.13	2.13	3.25	3.75	4.13

续表

年份\国家	丹麦	荷兰	瑞典	芬兰	英国	爱尔兰	希腊	意大利	葡萄牙	西班牙	法国	奥地利	德国	比利时
2001	3.88	3.00	3.75	2.63	2.88	2.38	3.25	4.88	2.88	3.13	2.13	3.25	3.75	4.13
2002	3.88	3.00	3.75	2.63	2.88	2.38	3.25	4.88	2.88	3.13	2.13	3.25	3.75	4.13
2003	3.88	3.00	3.75	2.63	2.88	2.38	3.25	4.88	2.88	3.13	2.13	3.25	3.75	4.13
2004	3.88	3.00	3.75	2.63	2.88	2.38	3.25	4.88	2.88	3.13	2.13	3.25	3.75	4.13
2005	3.88	3.00	3.75	2.63	2.88	2.38	3.25	4.88	2.88	3.13	2.13	3.25	3.75	4.13
2006	3.13	3.00	3.75	2.63	2.88	2.38	3.25	4.88	2.88	3.13	2.13	3.25	3.75	4.13
2007	3.13	3.00	3.75	2.63	2.88	2.38	3.25	4.88	2.88	3.13	2.13	3.25	3.75	4.13
2008	3.13	3.00	3.75	2.38	2.88	2.38	3.25	4.88	1.88	3.13	2.13	3.25	3.75	4.13
2009	2.88	3.00	2.50	1.63	2.88	3.50	3.25	4.13	1.88	3.75	3.38	3.25	3.63	5.13
2010	2.88	3.00	2.50	1.63	2.88	3.50	3.25	4.13	1.88	3.75	3.38	3.25	3.63	5.13
2011	2.88	3.00	2.50	1.63	2.88	3.50	3.25	4.13	1.88	3.75	3.38	3.25	3.63	5.13
2012	2.88	3.00	2.50	1.63	2.88	3.50	3.25	4.13	1.88	3.75	3.38	3.25	3.63	5.13
2013	2.88	3.19	2.50	1.63	2.88	3.50	3.25	3.75	1.88	3.13	3.38	3.25	3.63	5.13

资料来源：http://stats.oecd.org/Index.aspx?DatasetCode=LFS_SEXAGE_I_R.

表 2　平均工作任期

年份\国家	丹麦	荷兰	瑞典	芬兰	英国	爱尔兰	希腊	意大利	葡萄牙	西班牙	法国	奥地利	德国	比利时
2000	8.20	9.20	11.4	10.0	8.20	9.30	13.6	12.0	12.1	9.80	11.1	—	10.3	11.5
2001	8.40	9.00	10.7	10.0	8.20	9.30	13.7	11.9	11.9	9.70	10.9	—	10.2	11.6
2002	8.90	10.3	10.9	10.5	8.70	10.1	—	12.5	12.3	9.90	11.3	—	10.8	11.9
2003	9.00	10.8	11.4	10.6	8.80	10.2	—	12.6	12.6	9.90	11.9	11.4	11.0	12.1
2004	9.00	11.0	11.6	10.8	8.80	9.30	—	12.5	12.7	9.80	12.0	10.8	11.3	12.3
2005	9.00	11.4	11.1	10.8	8.70	9.00	13.2	12.1	12.9	9.70	12.1	10.7	11.0	12.4
2006	8.70	11.4	10.9	10.6	8.80	9.60	13.1	12.3	12.8	9.70	12.0	10.9	11.1	12.2
2007	8.20	11.3	10.7	10.3	8.80	9.50	13.2	12.3	12.8	9.50	11.8	11.0	11.2	12.0
2008	7.90	11.1	10.6	10.5	8.80	9.60	13.2	12.1	12.8	9.70	11.7	11.0	11.1	12.1
2009	8.10	11.3	10.7	10.8	9.00	10.1	13.2	12.5	13.2	10.3	11.7	11.0	11.3	12.1

续表

国家 年份	丹麦	荷兰	瑞典	芬兰	英国	爱尔兰	希腊	意大利	葡萄牙	西班牙	法国	奥地利	德国	比利时
2010	8.40	11.0	10.7	11.1	9.30	10.6	13.5	12.8	13.1	10.7	11.8	11.1	11.4	12.3
2011	8.70	10.4	10.4	11.0	9.40	10.7	13.7	12.9	13.0	11.0	11.9	11.0	11.5	12.0
2012	8.90	10.5	10.4	11.0	9.40	10.8	13.9	13.1	13.5	11.5	12.0	10.9	11.5	12.0
2013	8.80	10.9	10.3	10.8	9.50	11.0	14.1	13.4	13.6	11.7	12.3	10.9	11.7	12.2

资料来源：http://stats.oecd.org/Index.aspx?DatasetCode=LFS_SEXAGE_I_R.

表 3 平均总失业保险替代率

国家 年份	丹麦	荷兰	瑞典	芬兰	英国	爱尔兰	希腊	意大利	葡萄牙	西班牙	法国	奥地利	德国	比利时
2001	51	53	37	35	17	30	13	34	53	36	44	32	29	38
2002*	50.5	53	39	35.5	16.5	31	13	34	53	36	41.5	32	29	40
2003	50	53	41	36	16	32	13	34	53	36	39	32	29	42
2004*	50	44	40	35.5	16	33	13	33.5	44	36	39	32	26.5	41.5
2005	50	35	39	35	16	34	13	33	35	36	39	32	24	41
2006*	49	34.5	35.5	34.5	15.5	35.5	13	32.5	34.5	36	39	32	24	40.5
2007	48	34	32	34	15	37	13	32	34	36	39	32	24	40
2008*	48	34	32	34	15	37	13	32	34	36	39	32	24	40

注：数据是两种收入水平，三种家庭情况和失业的三个不同阶段的平均总失业保险替代率。

资料来源：http://www.oecd.org/document/3/0，3746，en_2649_34637_39617987_1_1_1_1，00.html.

表 4（a） 六类低收入水平家庭在失业初始阶段的替代率

	没有孩子			两个孩子		
	单身	一人收入已婚夫妇	两人收入已婚夫妇	单亲	一人收入已婚夫妇	两人收入已婚夫妇
奥地利	55	57	80	71	73	85
比利时	89	77	85	87	77	87

续表

	没有孩子			两个孩子		
	单身	一人收入已婚夫妇	两人收入已婚夫妇	单亲	一人收入已婚夫妇	两人收入已婚夫妇
丹麦	84	85	91	90	88	93
芬兰	64	75	78	85	83	83
法国	70	72	84	82	82	84
德国	60	64	88	82	81	92
希腊	65	70	83	78	83	92
爱尔兰	46	72	73	67	76	77
意大利	72	75	86	77	74	88
荷兰	76	88	84	75	84	81
葡萄牙	78	75	91	79	77	91
西班牙	78	74	89	75	75	88
瑞典	69	69	85	83	80	86
英国	55	66	59	74	79	68

资料来源：http://www.oecd.org/document/3/0，3746，en_2649_34637_39617987_1_1_1_1，00.html.

表 4（b） 六类一般收入水平家庭在失业初始阶段的替代率

	没有孩子			两个孩子		
	单身	一人收入已婚夫妇	两人收入已婚夫妇	单亲	一人收入已婚夫妇	两人收入已婚夫妇
奥地利	55	56	77	67	69	81
比利时	67	58	73	69	60	75
丹麦	60	63	74	75	73	77
芬兰	52	60	72	74	72	76
法国	67	66	80	71	71	82
德国	60	59	85	73	76	89
希腊	52	56	69	57	60	75

续表

	没有孩子			两个孩子		
	单身	一人收入已婚夫妇	两人收入已婚夫妇	单亲	一人收入已婚夫妇	两人收入已婚夫妇
爱尔兰	33	52	61	60	63	65
意大利	59	64	75	72	71	77
荷兰	74	76	82	77	86	80
葡萄牙	84	78	92	82	78	93
西班牙	60	60	77	75	75	85
瑞典	48	48	69	65	58	71
英国	38	46	49	64	71	57

资料来源：http://www.oecd.org/document/3/0，3746，en_2649_34637_39617987_1_1_1_1，00.html.

表 4（c） 六类高收入水平家庭在失业初始阶段的替代率

	没有孩子			两个孩子		
	单身	一人收入已婚夫妇	两人收入已婚夫妇	单亲	一人收入已婚夫妇	两人收入已婚夫妇
奥地利	43	44	64	51	52	68
比利时	49	44	60	53	47	63
丹麦	46	48	61	64	59	64
芬兰	44	47	63	60	57	67
法国	69	67	77	68	67	78
德国	57	57	79	65	67	85
希腊	37	40	56	47	49	61
爱尔兰	25	39	50	48	49	55
意大利	43	47	61	57	56	65
荷兰	57	59	69	57	62	68
葡萄牙	82	76	88	82	76	88
西班牙	41	41	61	53	53	68

续表

	没有孩子			两个孩子		
	单身	一人收入已婚夫妇	两人收入已婚夫妇	单亲	一人收入已婚夫妇	两人收入已婚夫妇
瑞典	36	36	58	51	44	60
英国	26	32	39	46	51	46

资料来源：http://www.oecd.org/document/3/0，3746，en_2649_34637_39617987_1_1_1_1，00.html.

表 5（a） 六类低收入水平家庭在长期失业情况下的替代率

	没有孩子			两个孩子		
	单身	一人收入已婚夫妇	两人收入已婚夫妇	单亲	一人收入已婚夫妇	两人收入已婚夫妇
奥地利	51	64	51	67	78	59
比利时	70	67	75	81	74	78
丹麦	80	54	71	84	65	87
芬兰	59	82	56	72	92	64
法国	49	57	57	65	67	62
德国	50	63	59	81	80	66
希腊	0	0	50	13	5	51
爱尔兰	69	100	54	72	97	65
意大利	0	2	56	2	3	64
荷兰	74	86	54	68	80	64
葡萄牙	24	45	52	52	70	55
西班牙	32	40	53	46	46	53
瑞典	62	77	50	62	88	54
英国	55	66	50	74	79	66

资料来源：http://www.oecd.org/document/3/0，3746，en_2649_34637_39617987_1_1_1_1，00.html.

表 5（b） 六类一般收入水平家庭在长期失业情况下的替代率

	没有孩子			两个孩子		
	单身	一人收入已婚夫妇	两人收入已婚夫妇	单亲	一人收入已婚夫妇	两人收入已婚夫妇
奥地利	51	52	43	63	65	58
比利时	52	50	64	64	58	67
丹麦	58	45	58	70	64	72
芬兰	44	60	47	58	75	55
法国	34	42	47	48	54	52
德国	37	47	50	63	65	57
希腊	0	0	42	9	3	41
爱尔兰	50	72	45	64	80	55
意大利	0	1	46	2	2	54
荷兰	53	65	45	60	71	54
葡萄牙	17	32	43	39	50	47
西班牙	23	28	44	33	33	44
瑞典	43	54	41	49	64	45
英国	38	46	41	64	71	55

资料来源：http://www.oecd.org/document/3/0，3746，en_2649_34637_39617987_1_1_1_1，00.html.

表 5（c） 六类高收入水平家庭在长期失业情况下的替代率

	没有孩子			两个孩子		
	单身	一人收入已婚夫妇	两人收入已婚夫妇	单亲	一人收入已婚夫妇	两人收入已婚夫妇
奥地利	40	40	36	48	49	50
比利时	39	38	53	50	46	57
丹麦	45	34	48	60	52	60
芬兰	32	44	39	45	56	45
法国	24	29	37	34	37	41

续表

	没有孩子			两个孩子		
	单身	一人收入已婚夫妇	两人收入已婚夫妇	单亲	一人收入已婚夫妇	两人收入已婚夫妇
德国	26	33	40	46	48	46
希腊	0	0	34	8	3	34
爱尔兰	38	54	37	51	63	46
意大利	0	1	38	2	2	45
荷兰	38	47	37	46	53	44
葡萄牙	12	22	35	29	37	38
西班牙	16	20	35	24	23	36
瑞典	32	40	34	38	49	38
英国	26	32	33	46	51	44

资料来源：http://www.oecd.org/document/3/0，3746，en_2649_34637_39617987_1_1_1_1，00.html.

表 6　被动措施支出占 GDP 的百分比

国家 年份	丹麦	荷兰	瑞典	芬兰	英国	爱尔兰	希腊	意大利	葡萄牙	西班牙	法国	奥地利	德国	比利时
2004	2.66	2.12	1.27	2.04	0.18	0.89	0.4	0.71	1.2	1.49	1.71	1.42	2.32	2.40
2005	2.34	2.02	1.16	1.90	0.18	0.83	0.41	0.78	1.28	1.45	1.58	1.52	2.01	2.35
2006	1.86	1.70	0.94	1.70	0.18	0.85	0.38	0.76	1.19	1.43	1.38	1.40	1.72	2.19
2007	1.50	1.41	0.65	1.43	0.16	0.92	0.33	0.69	1.05	1.44	1.24	1.24	1.29	2.01
2008	1.21	1.29	0.45	1.35	0.20	1.34	0.47	0.81	0.99	1.87	1.17	1.16	1.10	2.00
2009	1.72	1.69	0.91	1.88	0.34	2.58	0.70	1.38	1.31	3.00	1.43	1.48	1.53	2.37
2010	1.78	1.76	0.80	1.79	0.30	2.95	0.73	1.45	1.39	3.16	1.45	1.41	1.33	2.26
2011	1.65	1.64	0.63	1.47	—	2.64	—	1.36	1.32	2.88	1.40	1.29	1.02	2.09
2012	1.70	1.92	0.66	1.45	—	—	—	1.61	1.66	—	1.45	1.29	0.98	2.08

资料来源：http://stats.oecd.org/Index.aspx?DataSetCode=LMPEXP.

表 7　积极劳动力市场政策占 GDP 的百分比

年份＼国家	丹麦	荷兰	瑞典	芬兰	英国	爱尔兰	希腊	意大利	葡萄牙	西班牙	法国	奥地利	德国	比利时
2001	1.90	1.50	1.70	0.80	0.30	0.90	—	0.60*	0.60	0.70	1.20	0.60	1.20	1.20
2002	1.90	1.60	1.60	0.80	0.30	0.80	—	0.60*	0.60	0.70	1.10	0.60	1.20	1.10
2003	1.80	1.50	1.30	0.90	0.40	0.70	—	0.60*	0.70	0.70	1.10	0.60	1.20	1.10
2004	1.70	1.40	1.20	1.00	0.50	0.70	—	0.60	0.70	0.80	1.00	0.60	1.10	1.10
2005	1.60	1.30	1.30	0.90	0.50	0.60	—	0.60	0.70	0.70	0.90	0.60	0.90	1.10
2006	1.50	1.20	1.40	0.90	0.30	0.60	—	0.50	0.60	0.70	0.90	0.70	0.90	1.20
2007	1.30	1.10	1.10	0.90	0.30	0.60	—	0.50	0.50	0.70	0.90	0.70	0.70	1.20
2008	1.40	1.00	1.00	0.80	0.30	0.70	—	0.50	0.60	0.70	0.80	0.70	0.80	1.30
2009	1.70	1.20	0.90	0.90	0.40	0.90	—	0.50	0.80	0.90	1.00	0.80	1.00	1.40
2010	2.10	1.20	1.10	1.10	—	1.00	—	0.40	0.70	0.90	1.10	0.80	0.90	1.50
2011	2.30	1.10	1.10	1.00	—	—	—	0.40	0.60	0.90	0.90	0.80	0.80	1.60

资料来源：http://www.oecd-ilibrary.org/employment/public-expenditure-on-active-labour-market-policies_20752342-table9.

表 8　部分时间就业占总就业的百分比

年份＼国家	丹麦	荷兰	瑞典	芬兰	英国	爱尔兰	希腊	意大利	葡萄牙	西班牙	法国	奥地利	德国	比利时
2002	15.5	33.9	13.8	11.0	23.2	18.4	5.40	11.6	9.60	7.60	13.8	13.3	18.8	17.6
2003	16.2	34.5	14.1	11.3	23.5	18.9	5.60	11.7	9.90	7.80	13.0	13.7	19.6	18.3
2004	17.0	35.0	14.4	11.3	23.6	18.9	5.90	14.7	9.60	8.40	13.2	15.4	20.1	18.5
2005	17.3	35.6	13.5	11.2	23.0	19.3	6.40	14.6	9.40	11.0	13.2	16.3	21.5	18.5
2006	17.9	35.4	13.4	11.4	23.2	19.5	7.40	15.0	9.30	10.8	13.2	16.8	21.8	18.7
2007	17.3	35.9	14.4	11.7	22.9	20.0	7.70	15.2	9.90	10.7	13.3	17.3	22.0	18.1
2008	17.7	36.1	14.4	11.5	23.0	20.8	7.90	15.9	9.70	11.1	12.9	17.7	21.8	18.3
2009	18.8	36.7	14.6	12.2	23.9	23.7	8.40	15.8	9.60	11.9	13.3	18.5	21.9	18.2
2010	19.2	37.1	14.5	12.5	24.6	24.9	8.80	16.3	9.30	12.4	13.6	19.0	21.7	18.3
2011	19.2	37.2	14.3	12.7	24.6	25.7	9.00	16.7	11.5	12.9	13.6	18.9	22.1	18.8
2012	19.4	37.8	14.3	13.0	24.9	25.0	9.70	17.8	12.2	13.8	13.8	19.2	22.1	18.7

资料来源：http://www.oecd-ilibrary.org/employment/part-time-employment_20752342-table7.

表 9　教育支出占 GDP 的百分比

国家 年份	丹麦	荷兰	瑞典	芬兰	英国	爱尔兰	希腊	意大利	葡萄牙	西班牙	法国	奥地利	德国	比利时
2000	8.3	5.0	7.2	5.9	4.5	4.3	3.3	4.5	5.4	4.3	5.7	5.8	—	—
2001	8.4	5.1	7.1	6.0	4.6	4.3	3.5	4.9	5.6	4.2	5.6	5.8	—	6.0
2002	8.4	5.2	7.4	6.2	5.2	4.3	3.6	4.6	5.5	4.2	5.6	5.7	—	6.1
2003	8.3	5.4	7.3	6.4	5.3	4.4	3.6	4.7	5.6	4.3	5.9	5.6	—	6.1
2004	8.4	5.5	7.1	6.4	5.2	4.7	3.8	4.6	5.3	4.2	5.8	5.5	—	6.0
2005	8.3	5.5	6.9	6.3	5.4	4.7	4.0	4.4	5.4	4.2	5.6	5.5	—	5.9
2006	8.0	5.5	6.7	6.2	5.6	4.8	—	4.7	5.2	4.3	5.6	5.5	4.4	6.0
2007	7.8	5.3	6.6	5.9	5.5	4.9	—	4.3	—	4.3	5.6	5.4	4.5	6.0
2008	7.7	5.5	6.8	6.1	5.3	5.7	—	4.6	4.9	4.6	5.6	5.5	4.6	6.4
2009	8.7	5.9	7.3	6.8	5.5	6.4	—	4.7	5.8	5.0	5.9	6.0	5.1	0.6
2010	—	6.0	7.0	6.8	6.2	6.4	—	4.5	5.6	5.0	5.9	5.9	5.1	0.6
2011	—	5.9	—	6.8	—	6.2	—	4.3	—	—	5.7	5.8	—	0.5

资料来源：http://data.worldbank.org/indicator/SE.XPD.TOTL.GD.ZS.

表 10　税收占 GDP 的百分比

国家 年份	丹麦	荷兰	瑞典	芬兰	英国	爱尔兰	希腊	意大利	葡萄牙	西班牙	法国	奥地利	德国	比利时
1999	31.9	22.6	24.5	22.9	28.0	26.3	22.3	24.6	20.6	16.0	23.4	20.2	11.7	27.1
2000	30.8	22.3	23.6	24.7	28.4	26.0	23.3	23.2	20.6	16.2	23.2	19.9	11.9	27.4
2001	29.5	22.6	21.5	22.4	28.2	24.2	21.8	22.8	20.3	15.8	23.0	21.7	11.3	27.0
2002	29.4	22.5	20.4	23.0	27.1	23.2	21.4	22.1	20.8	12.8	22.4	21.1	11.3	26.0
2003	29.5	21.6	20.7	22.8	26.3	23.7	19.8	22.1	20.9	12.2	22.0	21.2	11.4	25.4
2004	30.8	21.6	21.3	22.6	26.6	24.8	19.5	21.6	20.0	11.8	22.2	21.0	10.9	25.9
2005	32.6	22.6	22.6	22.6	27.2	25.1	20.1	21.2	20.7	12.6	22.3	20.2	11.1	26.1
2006	31.6	23.2	23.3	22.1	28.0	26.5	20.3	22.7	21.4	13.2	22.4	19.8	11.3	25.8
2007	35.8	23.5	22.4	21.7	27.8	25.5	20.4	23.0	21.7	13.9	21.8	20.1	11.8	25.1
2008	35.0	22.8	21.6	21.3	28.6	23.1	19.8	22.5	21.5	10.7	21.5	20.1	11.8	25.5
2009	34.5	22.7	21.5	—	26.0	20.8	19.1	23.0	19.7	8.50	19.6	18.7	12.0	24.0

续表

国家 年份	丹麦	荷兰	瑞典	芬兰	英国	爱尔兰	希腊	意大利	葡萄牙	西班牙	法国	奥地利	德国	比利时
2010	34.3	22.6	21.7	19.6	25.6	21.2	19.6	22.9	19.6	8.60	19.8	18.6	11.9	23.9
2011	33.6	23.0	21.3	19.3	26.4	21.1	20.0	22.6	20.1	11.4	21.3	18.5	11.4	24.6
2012	33.7	21.9	21.9	20.7	27.1	22.2	21.3	22.4	21.4	9.60	21.2	18.5	11.8	24.7
2013	34.1	21.1	21.5	20.7	26.9	23.2	22.5	23.2	20.9	7.30	22.0	18.9	11.9	25.7

资料来源：http://data.worldbank.org/indicator/GC.TAX.TOTL.GD.ZS.

表 11　工会密度

国家 年份	丹麦	荷兰	瑞典	芬兰	英国	爱尔兰	希腊	意大利	葡萄牙	西班牙	法国	奥地利	德国	比利时
1999	74.9	24.6	80.6	76.3	30.1	39.0	26.8	35.4	22.4	16.0	8.20	37.4	25.3	50.9
2000	74.2	22.9	79.1	75.0	30.2	38.4	26.5	34.8	21.6	16.7	8.10	36.6	24.6	49.5
2001	73.8	21.9	78.0	74.5	29.6	38.2	25.8	34.2	21.1	15.9	8.00	35.9	23.7	49.6
2002	73.2	21.7	78.0	73.5	29.3	36.4	25.5	33.8	20.7	16.0	8.20	35.8	23.5	50.9
2003	72.4	21.2	78.0	72.9	29.6	37.8	25.3	33.7	21.4	15.8	8.00	34.7	23.0	51.9
2004	71.7	21.3	78.1	73.3	29.4	35.9	24.5	34.1	21.4	15.5	7.80	34.4	22.2	53.1
2005	71.7	21.0	76.5	72.4	28.4	34.1	24.6	33.6	21.2	15.0	7.80	33.6	21.6	52.9
2006	69.4	20.4	75.1	71.7	28.1	33.3	24.7	33.2	20.8	14.6	7.70	32.5	20.7	54.1
2007	69.1	19.3	70.8	70.3	27.9	32.4	24.5	33.5	20.8	14.2	7.60	30.8	19.9	52.9
2008	67.6	18.9	68.3	67.5	27.1	32.3	24	33.4	20.4	14.3	7.70	28.9	19.1	51.9
2009	67.8	19.1	68.4	69.2	27.1	33.1	24.5	34.7	20.1	15.8	7.90	28.7	18.9	51.5
2010	67.6	18.6	68.2	70.0	26.4	32.7	25.2	35.5	19.3	15.6	7.90	28.4	18.6	50.6
2011	—	18.2	67.5	69.0	25.6	32.6	25.4	35.6	—	—	—	27.8	18.0	50.4

资料来源：http://stats.oecd.org/Index.aspx?DatasetCode=LFS_SEXAGE_I_R.

表 12　劳动税收

国家 年份	丹麦	荷兰	瑞典	芬兰	英国	爱尔兰	希腊	意大利	葡萄牙	西班牙	法国	奥地利	德国	比利时
2001	43.3	37.2	49.1	46.4	32.2	31.3	34.7	46.4	36.4	38.9	49.8	0	51.9	56.7

续表

年份＼国家	丹麦	荷兰	瑞典	芬兰	英国	爱尔兰	希腊	意大利	葡萄牙	西班牙	法国	奥地利	德国	比利时
2002	42.4	37.4	47.8	45.9	32.3	29.7	35.1	46.4	37.6	39.1	49.8	0	52.5	56.3
2003	42.4	37.1	48.2	45.0	33.8	29.8	35.2	45.7	37.4	38.6	49.8	47.4	53.2	55.7
2004	41.0	38.8	48.4	44.5	33.9	30.7	35.8	46.0	37.4	38.8	49.9	48.1	52.2	55.4
2005	40.9	38.9	48.1	44.6	33.9	31.0	35.2	45.7	36.8	39.0	50.0	48.0	52.1	55.5
2006	41.0	38.3	47.8	44.0	34.0	29.2	35.8	45.9	37.1	39.1	50.1	48.3	52.3	55.5
2007	41.1	38.2	45.3	43.9	34.1	27.2	37.0	46.2	37.7	39.0	49.2	48.6	51.9	55.6
2008	40.9	38.8	44.8	43.8	32.8	26.8	37.0	46.7	37.6	38.0	49.3	48.8	51.5	55.9

注：是按照一般雇员收入计算的。

资料来源：http://www.oecd.org/document/60/0，3343，en_2649_34533_1942460_1_1_1_1，00.html#A_RevenueStatistics.

表 13　总失业率

年份＼国家	丹麦	荷兰	瑞典	芬兰	英国	爱尔兰	希腊	意大利	葡萄牙	西班牙	法国	奥地利	德国	比利时
1990	7.2	5.9	1.8	3.2	6.9	13.4	6.3	8.9	4.7	13	8.4	—	—	6.6
1991	7.9	5.5	3.1	6.7	8.6	14.7	6.9	8.5	4.2	13	8.9	—	4.2	6.4
1992	8.6	5.3	5.6	11.6	9.8	15.4	7.8	8.8	4.1	14.7	9.8	—	6.3	7.1
1993	9.5	6.2	8.8	16.2	10.2	15.6	8.6	9.8	5.5	18.4	11.0	4.0	7.6	8.6
1994	7.7	6.8	9.3	16.8	9.3	14.4	8.8	10.6	6.8	19.5	11.6	3.8	8.2	9.8
1995	6.8	6.6	8.8	15.1	8.5	12.3	9	11.2	7.2	18.4	11.0	3.9	8.0	9.7
1996	6.3	6	9.5	14.9	7.9	11.7	9.7	11.2	7.3	17.8	11.5	4.3	8.7	9.6
1997	5.2	4.9	9.8	12.7	6.8	9.9	9.6	11.3	6.8	16.7	11.4	4.4	9.4	9.2
1998	4.9	3.8	8.1	11.4	6.1	7.6	11.0	11.4	5.0	15.0	11.0	4.5	9.1	9.3
1999	5.1	3.2	6.7	10.3	5.9	5.7	12.0	11.0	4.5	12.5	10.4	3.9	8.3	8.5
2000	4.3	2.8	5.6	9.6	5.4	4.4	11.2	10.2	4.0	11.1	9.0	3.6	7.5	6.9
2001	4.5	2.2	5.9	9.1	5.0	3.9	10.7	9.1	4.0	10.4	8.3	3.6	7.6	6.6
2002	4.6	2.8	6.1	9.1	5.1	4.5	10.3	8.6	5.1	11.1	8.6	4.2	8.4	7.5
2003	5.4	3.7	6.8	9.1	5.0	4.8	9.7	8.5	6.4	11.1	9.0	4.3	9.3	8.2
2004	5.5	4.6	7.6	8.8	4.7	4.5	10.5	8	6.7	10.6	9.2	4.9	9.8	8.4

续表

年份\国家	丹麦	荷兰	瑞典	芬兰	英国	爱尔兰	希腊	意大利	葡萄牙	西班牙	法国	奥地利	德国	比利时
2005	4.8	4.7	7.7	8.3	4.8	4.4	9.9	7.7	7.7	9.2	9.3	5.2	10.6	8.5
2006	3.9	3.9	7.0	7.7	5.4	4.5	8.9	6.8	7.8	8.5	9.3	4.8	9.8	8.3
2007	3.8	3.2	6.1	6.9	5.3	4.6	8.3	6.1	8.1	8.3	8.3	4.4	8.4	7.5
2008	3.4	2.8	6.2	6.4	5.6	6.0	7.7	6.8	7.8	11.4	7.9	3.9	7.3	7.0
2009	6.0	3.7	8.3	8.3	7.7	12.2	9.5	7.8	9.4	17.9	9.1	4.8	7.7	7.9
2010	7.5	4.5	8.6	8.4	7.8	13.9	12.5	8.4	10.8	19.9	9.3	4.4	7.1	8.3
2011	7.6	4.4	7.8	7.7	7.8	14.6	17.7	8.4	12.7	21.4	9.2	4.1	5.9	7.1
2012	7.5	5.3	8.0	7.6	7.9	15.0	24.2	10.7	15.5	24.8	9.8	4.3	5.5	7.5
2013	7.0	6.7	8.0	8.2	7.7	13.8	27.3	12.2	16.2	26.1	9.9	4.9	5.3	8.4

资料来源：http://stats.oecd.org/Index.aspx?DatasetCode=LFS_SEXAGE_I_R.

表 14　长期失业率

年份\国家	丹麦	荷兰	瑞典	芬兰	英国	爱尔兰	希腊	意大利	葡萄牙	西班牙	法国	奥地利	德国	比利时
1991	31.9	46.1	11.2	9.20	28.8	61.5	47.7	68.1	38.7	51.0	37.3	—	31.6	62.9
1992	27.0	43.9	13.5	—	35.4	58.8	49.6	58.2	30.9	47.4	36.2	—	33.5	59.1
1993	25.2	52.4	15.8	30.6	42.5	59.1	50.9	57.7	43.5	50.1	34.2	—	40.3	53.0
1994	32.1	49.4	25.7	—	45.4	64.3	50.5	61.5	43.4	56.2	38.5	18.4	44.3	58.3
1995	27.9	46.8	27.8	37.6	43.6	61.6	51.4	63.6	50.9	57.1	42.5	29.1	48.7	62.4
1996	26.5	50.0	30.1	34.5	39.8	59.5	56.7	65.6	53.1	55.9	39.6	24.9	47.8	61.3
1997	27.2	49.1	33.4	29.8	38.6	57.0	55.7	66.3	55.6	55.7	41.4	27.5	50.1	60.5
1998	26.9	47.9	33.5	27.5	32.7	—	54.9	59.6	44.7	54.3	44.2	30.3	52.6	61.7
1999	20.5	43.5	30.1	29.6	29.6	55.3	55.3	61.4	41.2	51.2	40.4	29.2	51.7	60.5
2000	20.0	—	26.4	29.0	28.0	—	56.4	61.3	42.9	47.6	42.6	25.8	51.5	56.3
2001	22.2	35.0	22.3	26.2	27.8	33.1	52.8	63.4	38.1	44.0	37.6	23.3	50.4	51.7
2002	19.1	26.5	20.9	24.4	21.7	30.1	51.3	59.6	34.6	40.2	33.8	19.2	47.9	48.8
2003	20.4	27.8	17.8	24.7	21.5	32.8	54.9	58.1	35.0	39.8	41.0	24.5	50.0	45.4
2004	21.5	34.2	18.9	23.4	20.6	34.9	53.1	49.2	44.3	37.7	40.9	27.6	51.8	49.0

续表

年份\国家	丹麦	荷兰	瑞典	芬兰	英国	爱尔兰	希腊	意大利	葡萄牙	西班牙	法国	奥地利	德国	比利时
2005	23.4	40.2	16.0	24.9	21.1	33.4	52.2	49.9	48.2	32.6	41.4	25.3	53.0	51.7
2006	20.8	43.0	16.0	24.8	22.3	32.3	54.3	49.6	50.2	29.5	42.2	27.3	56.4	51.2
2007	16.2	39.4	13.0	23.0	23.8	30.0	50.0	47.4	47.1	27.6	40.4	26.8	56.6	50.4
2008	13.6	34.8	12.4	18.2	24.1	27.1	47.5	45.7	47.4	23.8	37.9	24.2	52.6	47.6
2009	9.10	24.8	12.8	16.6	24.6	29.0	40.8	44.4	44.2	30.2	35.4	20.3	45.5	44.2
2010	20.2	27.6	17.3	23.6	32.6	49.1	45.0	48.5	52.3	36.6	40.2	25.2	47.4	48.8
2011	24.4	33.6	18.2	22.6	33.4	59.3	49.6	51.9	48.2	41.6	41.4	25.9	48.0	48.3
2012	28.0	33.7	17.5	21.7	34.8	61.7	59.3	53.0	48.7	44.5	40.3	24.8	45.5	44.7

资料来源：http://www.oecd-ilibrary.org/docserver/download/3013081ec059.pdf?expires=1410052253&id=id&accname=guest&checksum=C18C39A4B8D3BCF291269937FD33A3EB.

表 15　青年失业率

年份\国家	丹麦	荷兰	瑞典	芬兰	英国	爱尔兰	希腊	意大利	葡萄牙	西班牙	法国	奥地利	德国	比利时
2001	12.8	8.30	28.8	28.7	13.9	9.60	42.4	39.6	15.3	34.4	28.8	8.90	14.9	22.2
2002	11.8	10.4	17.6	29.4	14.5	11.1	42.1	38.4	18.0	35.3	30.6	9.90	16.7	21.8
2003	14.0	11.8	21.1	30.5	15.0	11.9	42.8	37.8	22.5	35.4	26.8	10.8	18.2	25.1
2004	12.5	11.4	23.0	28.0	14.9	12.5	42.9	33.5	23.4	34.6	28.9	14.6	21.3	27.0
2005	13.0	10.7	29.4	27.5	15.6	12.5	40.9	33.6	25.8	30.5	29.5	14.8	25.3	29.7
2006	10.8	8.70	28.4	25.7	16.5	12.6	40.3	30.7	24.9	27.9	31.0	13.6	22.9	30.0
2007	11.0	10.9	25.3	21.2	18.2	12.9	37.3	28.2	26.9	28.3	27.1	13.0	19.6	27.6
2008	11.4	10.6	25.4	22.1	17.7	16.8	34.0	30.2	26.7	35.9	24.9	11.8	17.4	25.2
2009	11.8	7.70	24.9	21.6	19.0	25.5	25.8	25.4	27.3	37.7	23.2	10.0	11.0	21.9
2010	14.0	8.70	24.8	20.3	19.3	28.3	32.9	27.9	33.6	41.5	22.9	8.80	9.70	22.4
2011	14.2	7.70	22.8	18.9	20.0	29.9	44.4	29.1	33.4	46.2	22.1	8.30	8.50	18.7
2012	14.1	9.50	23.7	17.8	21.0	33.0	55.3	35.3	34.0	52.9	23.9	8.70	8.10	19.8
2013	13.1	11.0	23.6	20.0	20.9	29.6	58.3	40.0	33.6	55.5	23.9	9.20	7.90	23.7

资料来源：http://stats.oecd.org/Index.aspx?DatasetCode=LFS_SEXAGE_I_R.

表 16　总就业率

年份＼国家	丹麦	荷兰	瑞典	芬兰	英国	爱尔兰	希腊	意大利	葡萄牙	西班牙	法国	奥地利	德国	比利时
1990	75.4	61.8	83.1	74.7	72.5	52.1	54.8	52.6	67.4	51.8	59.9	—	64.1	54.4
1991	74.6	62.9	81.0	70.7	70.8	51.2	53.1	52.6	68.6	51.8	60.0	—	67.1	55.9
1992	74.5	63.8	77.2	65.5	69.0	50.7	53.6	52.3	66.5	50.5	59.7	—	66.2	56.5
1993	72.4	63.8	72.6	61.4	68.2	50.9	53.5	52.5	64.9	48.0	59.1	—	65.1	56.0
1994	72.4	63.9	71.5	60.7	68.7	51.9	54.1	51.5	64.0	47.4	58.4	68.4	64.5	55.7
1995	73.9	65.1	72.2	61.9	69.2	54.1	54.5	51.2	63.2	48.3	59.1	68.7	64.6	56.3
1996	74.0	66.0	71.6	62.8	69.7	55.0	54.9	51.4	63.6	49.3	59.2	67.8	64.3	56.3
1997	75.4	67.9	70.7	63.5	70.6	56.3	54.8	51.6	64.7	50.7	58.9	67.8	63.8	57.0
1998	75.3	69.5	71.5	64.8	71.0	59.6	55.6	52.2	66.8	52.4	59.4	67.8	64.7	57.3
1999	76.5	70.8	72.9	66.6	71.5	62.5	55.4	52.9	67.4	55.0	59.8	68.4	65.2	58.9
2000	76.4	72.1	74.2	67.5	72.2	64.5	55.9	53.9	68.3	57.4	61.1	68.3	65.6	60.9
2001	75.9	73.1	75.2	68.3	72.5	65.0	55.6	54.9	68.6	58.8	62.0	68.2	65.8	59.7
2002	76.4	73.2	74.9	68.3	72.3	65.0	57.7	55.6	68.1	59.5	62.2	68.8	65.3	59.7
2003	75.1	72.6	74.3	67.9	72.6	64.9	58.9	56.2	67.1	60.7	63.3	68.9	64.6	59.3
2004	76.0	71.8	73.5	67.8	72.7	65.4	59.6	57.4	67.8	62.0	63.1	67.8	65.0	60.5
2005	75.5	71.9	73.9	68.5	72.6	67.1	60.3	57.5	67.5	64.3	63.2	68.6	65.5	61.0
2006	76.9	73.2	74.5	69.6	72.5	68.2	61.0	58.4	67.9	65.7	63.3	70.2	67.2	60.4
2007	77.3	74.8	75.7	70.5	72.3	69.0	61.5	58.7	67.8	66.6	64.0	71.4	69.0	61.6
2008	78.4	76.1	75.7	71.3	72.7	68.1	62.2	58.7	68.2	65.3	64.6	72.1	70.2	62.0
2009	76.6	76.8	74.0	69.3	72.4	63.7	62.4	59.3	70.7	61.3	64.3	73.0	71.6	62.0
2010	74.8	76.0	74.1	69.3	72.3	61.4	60.7	58.7	69.9	60.1	64.2	73.1	72.4	62.5
2011	74.8	76.1	75.7	70.5	72.6	60.7	56.6	58.7	67.9	59.3	64.3	73.4	74.0	62.5
2012	74.5	76.6	76.2	71.0	73.2	60.4	52.1	58.7	65.6	57.0	64.5	73.8	74.4	62.5
2013	74.3	76.0	76.9	70.0	73.8	62.0	50.0	57.5	64.6	56.0	64.7	73.7	75.0	62.4

资料来源：http://www.oecd.org/document/0，3746，en_2649_201185_46462759_1_1_1_1，00.html.

表 17 青年就业率

国家/年份	丹麦	荷兰	瑞典	芬兰	英国	爱尔兰	希腊	意大利	葡萄牙	西班牙	法国	奥地利	德国	比利时
2001	61.7	70.3	47.8	43.5	61.0	47.0	26.0	27.4	42.7	37.1	24.3	51.6	47.0	28.5
2002	64.0	69.5	46.5	42.4	60.9	44.8	26.8	26.7	41.9	36.6	24.1	51.7	44.8	28.5
2003	59.4	67.6	45.1	41.4	59.7	45.2	26.2	26.0	38.4	36.8	29.7	51.1	42.4	27.1
2004	61.3	64.9	42.8	41.3	60.1	44.7	27.4	27.2	36.9	38.4	29.3	51.9	41.9	28.1
2005	62.0	64.2	42.5	42.1	58.6	46.4	25.3	25.5	36.1	41.9	29.3	53.1	42.6	26.6
2006	63.7	65.7	44.0	44.1	57.3	48.4	24.5	25.5	35.8	43.3	28.9	54.0	44.0	26.2
2007	67.4	68.2	46.3	46.4	55.9	48.8	24.2	24.7	34.9	42.9	30.1	55.5	45.9	26.8
2008	68.5	69.2	45.9	46.4	56.4	46.1	24.0	24.4	34.7	39.5	30.7	55.9	47.2	26.9
2009	62.5	65.3	38.1	38.5	51.9	37.5	22.9	23.9	30.8	30.8	30.3	54.5	46.6	25.3
2010	58.1	63.0	38.6	40.5	50.7	31.4	20.4	22.6	27.9	27.4	30.0	53.6	46.8	25.2
2011	57.5	63.6	40.8	42.3	50.1	29.4	16.3	21.4	26.6	24.2	29.5	54.9	48.2	26.0
2012	55.0	63.3	40.0	43.3	50.0	27.9	13.1	20.5	23.0	20.3	28.4	54.6	46.6	25.3
2013	53.7	62.3	41.5	40.2	48.8	28.8	11.9	18.0	21.7	18.6	28.6	53.8	46.8	23.6

资料来源：http://stats.oecd.org/Index.aspx?DatasetCode=LFS_SEXAGE_I_R.

表 18 总劳动力参与率

国家/年份	丹麦	荷兰	瑞典	芬兰	英国	爱尔兰	希腊	意大利	葡萄牙	西班牙	法国	奥地利	德国	比利时
2000	80.6	74.9	80.3	75.3	77.6	69.4	64.5	61.2	75.5	67.1	69.0	71.4	71.8	65.6
2001	80.3	75.0	80.7	75.7	77.3	69.7	63.6	61.7	76.5	66.2	68.9	71.5	72.2	64.0
2002	80.7	76.0	80.6	75.6	77.5	69.6	65.5	62.1	77.3	67.5	69.2	72.2	72.3	65.1
2003	80.7	75.3	80.4	75.3	77.7	69.7	66.5	62.5	77.5	68.9	70.2	72.6	72.1	65.3
2004	81.4	75.7	80.1	75.0	77.7	70.4	67.6	63.4	77.4	70.1	70.2	71.8	73.4	66.3
2005	81.1	76.3	81.6	75.5	77.8	72.2	68.0	63.3	77.9	71.3	70.2	73.1	74.8	67.3
2006	81.8	76.6	81.7	76.2	78.3	73.2	68.3	63.7	78.5	72.4	70.2	74.5	76.0	67.0
2007	81.6	78.1	82.2	76.6	78.0	74.1	68.2	63.5	78.8	73.1	70.3	75.9	76.7	67.5
2008	82.1	79.3	82.5	77.0	78.6	73.9	68.3	64.1	78.7	74.2	70.5	76.3	77.1	67.6
2009	82.2	79.7	80.8	75.6	78.5	72.7	69.0	63.4	78.2	74.5	71.0	76.6	77.6	67.4
2010	81.1	79.5	81.3	75.7	78.4	71.7	69.4	63.2	78.4	74.9	71.0	76.4	77.9	68.2

续表

国家 年份	丹麦	荷兰	瑞典	芬兰	英国	爱尔兰	希腊	意大利	葡萄牙	西班牙	法国	奥地利	德国	比利时
2011	80.9	79.7	82.1	76.4	78.8	71.0	68.7	64.1	77.8	75.4	70.8	76.6	78.6	67.3
2012	80.5	80.9	82.8	76.8	79.5	71.0	68.8	65.7	77.7	75.8	71.5	77.2	78.7	67.6
2013	79.9	81.4	83.6	76.3	80.0	71.9	68.8	65.5	77.1	75.8	71.8	77.5	79.2	68.2

资料来源：http://stats.oecd.org/Index.aspx?DataSetCode=LFS_SEXAGE_I_R.

表 19　青年劳动力参与率

国家 年份	丹麦	荷兰	瑞典	芬兰	英国	爱尔兰	希腊	意大利	葡萄牙	西班牙	法国	奥地利	德国	比利时
2001	67.2	73.6	55.1	53.6	68.2	52.2	36.2	37.6	47.0	46.8	35.8	54.7	51.3	33.6
2002	68.6	73.5	54.8	52.7	68.5	50.5	36.2	36.3	47.4	47.0	36.9	55.2	49.7	35.7
2003	65.6	69.8	53.3	52.0	67.4	51.0	34.6	35.3	45.1	47.6	38.4	55.0	47.4	35.0
2004	67.9	68.2	52.7	51.3	67.4	51.0	36.7	35.6	43.6	49.2	38.3	57.4	48.0	35.3
2005	68.1	68.1	55.5	51.9	66.7	53.0	33.7	33.5	43.0	52.1	38.3	59.2	50.2	35.0
2006	69.9	67.9	56.7	53.6	66.6	54.7	32.4	32.5	42.7	52.7	38.4	59.4	50.9	34.7
2007	70.9	70.4	57.6	55.0	65.3	55.4	31.1	30.9	41.9	52.4	38.7	60.8	52.0	33.9
2008	72.4	71.3	57.4	55.1	65.6	53.1	30.2	30.9	41.6	52.5	39	60.8	52.7	33.4
2009	70.9	70.8	50.8	49.2	64.0	50.3	30.9	32.1	38.7	49.5	39.5	60.5	52.3	32.4
2010	67.5	69.0	51.4	50.8	62.8	44.5	30.3	31.3	36.1	46.9	38.9	58.8	51.8	32.5
2011	67.1	68.9	52.8	52.2	62.7	42.0	29.2	30.2	38.1	44.9	37.9	59.9	52.7	32.0
2012	64.1	69.9	52.5	52.7	63.3	41.6	29.2	31.6	37.1	43.0	37.3	59.9	50.7	31.5
2013	61.7	70.0	54.3	50.2	61.7	40.9	28.4	30.0	35.0	41.7	37.6	59.3	50.9	31.0

资料来源：http://stats.oecd.org/Index.aspx?DataSetCode=LFS_SEXAGE_I_R.

附录B——劳动力市场指标体系

第一组：劳动力参与指标

指标1：劳动力参与率，是指一个国家的全体就业人员和失业人员的总数占工作年龄内人口数的比例，是反映一国劳动力市场活动水平的首要指标。该指标衡量一个国家从事经济活动的劳动年龄人口的规模，可以反映出劳动力供给量的相对变化情况，按照性别和年龄进行分类后，可以反映不同自然状况下，劳动力的供给和使用情况。

第二组：就业指标

指标2：就业率，是就业人口在劳动年龄人口中所占的比例，用来反映劳动年龄人口中已经为社会所使用的劳动人口比例。这个指标与失业率指标具有同等功效，用以反映劳动力市场的利用状况和经济活动覆盖范围，也是各国政府普遍关注的一个政绩指标。就业人口数常常用全部劳动人口数减失业人口数来取得，失业人口数可以通过对劳动力的入户调查、就业行政管理记录、人口普查和官方统计等渠道取得。

指标3：就业地位，是指各种就业地位的就业人员在总就业人员中所占的比例。将就业地位具体划分为：工资与工薪劳动者、自营就业者、雇主、自营人员、有贡献的家庭工。

指标4：按部门划分的就业，是指各部门的就业人员在总就业人员中所占的比例。将整个社会的劳动者划分为三大部门：农业、工业和服务业。在经济的发展过程中，劳动力都经历了从农业向工业和服务业的转移的过程，透过这一指标能够看出各部门工作岗位的增减变化情况，进而判断出该国所处的产业发展阶段和未来发展趋势，也是衡量各国发达程度的一个辅助指标。

指标 5：非全日制雇员，考察的是那些拥有工作岗位但工作时间总计少于全日制工作人员的人数占就业总量的比例。由于对构成全日制工作的每周最低工作小时数没有统一的国际界定，所以划分的界限或者以国家为基础逐一确定，或者使用一种专门的估计数。这一指标又分两项测定：一是非全日制就业人数占就业总量的比例，二是非全日制就业女工数占非全日制就业总量的比例。

指标 6：工作时间，是将每周工作时间划分为低于正常时间、正常时间、高于正常时间三个不同层次，分别统计非正常时间的人员数量，即每周工作时间低于 10 小时的人员数量占就业总量的比值和每周工作时间超过 40 小时的人员数量占就业总量的比值。

统计的是每周平均工作某一工作时数的人员数量占就业总量的比值。该指标包括两项：一是涉及每周工作一个“边际”时数（少于 10 小时）的人员数量占就业总量的比值，二是涉及那些工作“超量”时数（大于 40 小时）的人员数量占就业总量的比值。第三项指标是统计人均年工作时间。

指标 7：城镇非正规部门就业，城镇非正规部门是指城镇家庭拥有的非成型企业范围内的经济生产单位。该指标分为两项进行统计：城镇非正规部门就业人数和城镇非正规部门就业占城镇就业比。

第三组：失业、不充分就业和非经济活动指标

指标 8：失业，可以从失业人数和失业率两个指标考察。失业人数是从绝对量上考察一个国家失业人员的数量；失业率等于失业人数与失业人

数和就业人数之和的比值，分总失业率和各个年龄组的失业率，并且分性别统计。

指标9：青年失业，青年这一群体是失业率最高的，青年被界定为15—24岁这一人群，成年被界定为25岁及25岁以上的人。这里使用四个指标对青年失业问题进行统计：(1) 青年失业率，等于青年失业人数与青年劳动力人数的比值。(2) 青年失业率对成年失业率的比率。(3) 青年失业人数占总失业人数的比率。(4) 青年失业人数占青年人口的比率。在实际应用中，将这四个指数结合起来使用，综合考虑，单一注重其中一个都有可能得出片面的结论。

指标10：长期失业，是指一年或一年以上的失业。这里有两个分指标：长期失业率，是指长期失业人口数占劳动力的百分比；长期失业率，是指长期失业人口数占总失业人口数的百分比。这些数据比其他指标更加难以取得，通常是从国家的行政记录中取得数据，或者从失业保险机构取得，但是这些数据的准确性尚不能完全保障。

指标11：按受教育程度划分的失业，是指各受教育程度的失业人员在失业人员总数中的比例。国际上将受教育程度划分为：少于1年（X级）、低于初等（0级）、初等（1，2级）、中等（3，4级）、高等（5，6，7级）、未定义的教育水平（8级）。

指标12：与工作时间相关的不充分就业，包括两项指标：与工作时间相关的不充分就业人数占劳动力的比例和与工作时间相关的不充分就业人数占总就业人数的比例。该指标对于失业和就业状况统计是一种有益的补充，与工作时间相关的不充分就业指标从就业人员的工作时间角度考虑，反映的是就业人员所期望的工作时间与实际工作时间之间的差异，也就是工作量不足的问题。

指标13：非经济活动率，这一指标的定义是指25—54岁年龄组既不工作也不寻找工作人数（即处于劳动力队伍之外），占“黄金年龄段”即25—54岁人口的比例。

第四组：受教育程度与文盲指标

指标14：受教育程度与文盲指标，提出几项有关教育水平的测量标准：按受教育水平划分的15岁以上劳动力状况（%），是指15岁以上各受教育水平的劳动力人数与15岁以上总劳动力人数的比例；按受教育水平划分的25岁以上人口状况（%），是指25岁以上各受教育水平的人口数与25岁以上总人口数的比例；完成高等教育的25—29岁的劳动力状况（%），分为25—29岁的劳动力总数和完成高等教育的25—29岁的劳动力的百分比；成人文盲半文盲率（15岁以上）。

第五组：工资与劳动成本指标

指标15：制造业实际工资指数，是制造业平均实际工资的年度对比值，反映制造业平均工资的变化趋势。具体又分为两项：制造业名义工资指数和制造业实际工资指数。

指标16：制造业生产雇员小时补偿费用，全部的小时补偿费用包括：以现金和实物支付的工作时间内的小时直接工资和非工作时间的津贴以及雇主支付的社会保险费用和有些国家的税收，其中小时直接工资包括扣除雇员应交纳的社会保障费和养老项目费、人寿和医疗保险费、工会费、其他强制缴费和所得税等费用之前向劳动者直接支付的所有工资。这一指标又分为三项：小时补偿费用指标（美国＝100）、按美元计算的小时补偿费用、非工资劳动成本占总劳动成本的百分比。

第六组：劳动生产力成本和单位人工成本指标

指标17：劳动生产力与单位人工成本，从范围上分为两部分，即整个经济的劳动生产力成本和单位人工成本与制造业的劳动生产力成本和单位人工成本。有两种测算的方法，一是劳动生产率或单位劳动投入的产出，按五种不同的标准计量：雇员人均增加值（1990 年美元）、雇员人均增加值（1980＝100）、单位工时增加值（1990 年美元）、单位工时增加值（1980＝100）、劳动生产率指数（上年＝100）；二是被界定为小时补偿费用对每小时产出之比的单位劳动成本，按四种不同标准衡量：以美元为基础的单位劳动成本（1990 年美元）、以美元为基础的单位劳动成本（1980＝100）、以本国货币为基础的单位劳动成本（1980＝100）、以本国货币为基础的单位劳动成本（1990 年本国货币）。

第七组：贫困和收入分配指标

指标 18：贫困与收入分配，贫困与收入分配指标分为国家贫困线和国际贫困线。普遍使用的贫困测量尺度是对人口中支出或收入低于某一规定水平的比例的估计值。然而，如何确定最低基本需求的界限则是主观性的，并且因文化和国情的不同而异。本指标提供的国际贫困线为每人每天 2 美元。该指标还使用了基尼系数，它是根据洛伦兹曲线提出的一个表示收入分配平均程度的指标。

参考文献

中文部分：

陈凌：《德国劳动力市场与就业政策研究》，中国劳动社会保障出版社2000年版。

陈晓宁：《论三方机制下工会的角色定位》，《中国劳动关系学院学报》2010年第10期。

陈凌、姚先国：《部分就业的荷兰模式能否解决欧盟失业问题?》，《经济社会体制比较》1999年第2期。

陈立泰、熊厚：《欧盟社会保障政策对就业的抑制效应及其对中国的启示》，《甘肃社会科学》2007年第1期。

陈林生：《荷兰的就业模式》，《劳动保障通讯》2004年第1期。

陈婉清：《2011年全球就业形势依然严峻》，《调研世界》2011年第4期。

程延园：《就业保护法规与劳动力市场弹性》，《中国人民大学学报》2009年第4期。

成新轩、于艳芳：《欧盟灵活保障模式：内涵、运行与启示》，《河北学刊》2010年第10期。

崔钰雪：《体制内外劳动力市场的灵活性与安全性差异研究》，《中国劳动关系学院学报》2013年第2期。

戴海军：《无固定期限劳动合同研究》，硕士学位论文，复旦大学，2008年。

Derek Bosworth:《劳动市场经济学》，中国经济出版社 2003 年版。

丁纯:《欧盟劳动力市场的困境、成因与改革》，《国际经济评论》2006 年第 2 期。

丁纯:《金融危机下欧盟劳动力市场的表现、成因和对策研究》，《德国研究》2010 年第 2 期。

方福前:《当代西方经济学主要流派》，中国人民大学出版社 2004 年版。

方浩:《灵活性与安全性的两难抉择——OECD 国家就业保护制度改革及其启示》，《人口与经济》2013 年第 1 期。

国际劳工局:《劳动力市场主要指标体系》，中国劳动社会保障出版社 2001 年版。

Gordon Betcherman，Karina Olivas，and Amit Dar:《积极的劳动力市场计划所产生的效果：从重点针对发展中国家和转轨国家的评价中所获得的新证据》，《世界银行社会保护部》2003 年第 9 期。

侯冰然:《英国劳动力市场的灵活化改革及其启示》，硕士学位论文，河北师范大学，2008 年。

霍静娟:《瑞典积极的劳动力市场政策分析及启示》，硕士学位论文，河北师范大学，2008 年。

霍静娟:《瑞典积极的劳动力市场政策有效性分析》，《河北青年管理干部学院学报》2008 年第 3 期。

胡增亮:《借鉴欧盟经验促进我国非正规就业发展研究》，硕士学位论文，中国海洋大学，2013 年。

洪晖:《欧盟社会市场经济模式研究》，博士学位论文研究，中国社会科学学院，2012 年。

黄汝接、毛禹权:《三方机制是市场经济国家调节劳动关系的一项基本制度》，《中国工运》2004 年第 4 期。

何二毛:《劳动力市场灵活性变革解析及政策选择》，《现代经济探讨》2013 年第 10 期。

蒋晓光：《西方劳动力市场分割理论及其启示》，《经济师》2004年第6期。

姜列青：《俄罗斯国家级三方协商机制建立十年》，《国外理论动态》2002年第7期。

姜丽美：《国外社会保障与劳动力市场关系研究综述》，《云南财经大学学报》2011年第2期。

孔德威、刘艳丽、冀恩科：《灵活化时代的就业稳定性分析》，《生产力研究》2007年第4期。

孔德威、王伟：《西方国家劳动力市场的灵活化改革》，《河北大学学报（哲社科学版）》2005年第2期。

孔德威：《荷兰劳动力市场的灵活化改革与启示》，《学术交流》2008年第1期。

孔德威：《劳动就业政策的国际比较研究》，博士学位论文，东北师范大学，2007年。

孔德威：《欧盟劳动力市场灵活安全性政策战略分析》，《河北青年管理干部学院学报》2007年第3期。

厉以宁、吴世泰：《西方就业理论的演变》，华夏出版社1988年版。

李新功：《欧盟职业培训政策与实践》，中国经济出版社2005年版。

李建忠：《欧盟实施“新技能、新就业”计划》，《中国教育报》2009年2月3日。

廖泉文：《我国劳动力市场的理论与实践》，山东人民出版社2000年版。

李亚伯：《中国劳动力市场发育论纲》，湖南人民出版社2007年版。

李洁芳、姜裕富：《政府干预劳资关系的法理基础》，《陕西行政学院学报》2009年第2期。

李飞：《灵活就业人员生活保障与就业促进联动机制构建研究》，硕士学位论文，燕山大学，2013年。

罗润东：《西方劳动力市场分割理论的兴起与发展》，《经济社会体制比较（双月刊）》2008 年第 5 期。

刘艳丽：《丹麦劳动力市场的灵活安全性分析》，硕士学位论文，河北师范大学，2007 年。

刘艳丽、孔德威：《丹麦劳动力市场模式分析》，《河北建筑科技学院学报（社科版）》2006 年第 3 期。

罗红波：《欧洲经济社会模式与改革》，社会科学文献出版社 2010 年版。

李敏：《中国就业问题研究》，博士学位论文，华中科技大学，2005 年。

廉晓洁、付鸿彦：《欧盟“灵活安全型”劳动力市场政策的形成过程研究》，《经济论坛》2010 年第 1 期。

陆军：《欧洲 2020 战略：解读与启示》，《欧洲研究》2011 年第 1 期。

刘晶：《就业与社会保障互动关系研究》，博士学位论文，厦门大学，2003 年。

吕红、金喜在：《我国灵活就业劳动关系之探讨》，《当代经济研究》2007 年第 5 期。

刘冰：《国外劳动力市场主要统计指标及对我国的启示》，《理论界》2006 年第 5 期。

劳动部赴荷兰集体合同立法考察团：《荷兰劳动关系与集体合同制度》，《中国劳动科学》1997 年第 1、2 期。

罗忠贵：《法国促进就业措施及启示》，《金融经济》2009 年第 8 期。

闵凡祥：《全球化、一体化对欧盟劳动力市场的影响》，《苏州科技学院学报（社会科学版）》2004 年第 3 期。

林义、杨一帆：《在困境中走向“弹性与保障并重”——欧盟就业和社会保障政策的调整改革与经验启示》，《中国社会保障》2010 年第 5 期。

莫荣：《发挥失业保险预防失业、促进就业的作用》，《中国社会保障》2010 年第 9 期。

马斌：《社会保险理论与实践》，中国劳动社会保障出版社 2006 年版。

马永堂:《从保障生活到促进就业——国外失业保险制度改革综述》,《中国社会保障》2007 年第 1 期。

门立彦:《欧盟统一劳动力市场分析》,硕士学位论文,吉林大学,2007 年。

孟可:《欧盟发布 2012 年欧洲就业及社会状况年度评论》,《世界教育信息》2013 年第 2 期。

[比利时] 若·科特尼埃尔著:《欧洲的就业灵活保障机制与劳动的非正规化》,毛禹权译,《国外理论动态》2010 年第 1 期。

钱箭星:《发达国家劳动力市场政策变革研究》,《劳动经济评论》2010 年第 11 期。

裘元伦、罗红波:《中国与欧洲联盟就业政策比较》,中国经济出版社 1998 年版。

芮小兰:《发达国家职业教育制度的改革对我国的启示》,《消费导刊》2010 年第 1 期。

儒杰:《欧盟部分国家青年工人就业及工资状况简介》,《中国工会财会》2012 年第 9 期。

沈全水:《失业的出路:瑞典就业政策及其对中国的启示》,中国发展出版社 2000 年版。

沈琴琴:《中国劳动力市场灵活性与安全性研究》,中国劳动社会保障出版社 2014 年版。

沈琴琴、张艳华:《中国劳动力市场灵活性与稳定性的影响因素研究》,《首都经济贸易大学学报》2011 年第 5 期。

沈琴琴、杨伟国:《全球视野下的劳动力市场政策》,中国劳动社会保障出版社 2008 年版。

[美] 萨尔·D·霍夫曼:《劳动力市场经济学》,上海三联出版社 1989 年版。

桑德林·卡则斯、依莲娜·纳斯波洛娃:《转型中的劳动力市场:平衡灵活性与安全性——中东欧的经验》,劳动和社会保障部劳动科学研究所译，中国劳动社会保障出版社 2005 年版。

孙乐:《中国劳动力市场灵活性与安全性平衡探讨》,《人口与经济》2010 年第 3 期。

苏吉永:《论欧盟积极的失业治理政策》,《理论学刊》2008 年第 11 期。

商照丽:《二十世纪七十年代以来欧盟失业治理政策研究》，云南师范大学 2006 年版。

孙鸿艳:《我国失业保险金领取资格管理对策研究》,《社会观察》2006 年第 5 期。

申丹虹:《劳动力市场效率与公平的统一研究》,《中北大学学报（社会科学版)》2009 年第 25 期。

吴晓琪:《积极的劳动力市场政策在治理失业中的作用研究——以福建省为例》，博士学位论文，厦门大学，2009 年。

严恒元:《欧盟经济已到转折点》,《经济》2013 年第 12 期。

王雅梅:《欧盟就业政策的发展趋势及对中国的启示》,《四川行政学院学报》2002 年第 3 期。

王传荣:《经济全球化进程中的就业研究》，博士学位论文，西南财经大学，2005 年。

武琼、于艳芳:《河北省弱势群体就业状况探析》,《山东纺织经济》2010 年第 6 期。

王阳:《转型期中国劳动力市场灵活安全性研究》，博士学位论文，首都经济贸易大学，2010 年。

王阳:《转型期我国劳动力市场运行模式的评估与优化——立足劳动力市场灵活安全性理论的考察》,《中国人力资源开发》2011 年第 1 期。

王阳:《转型期我国劳动力市场政策的战略选择——立足劳动力市场灵活安全性理论的思考》,《现代经济探讨》2012 年第 4 期。

王阳:《欧洲国家劳动力市场灵活安全性模式》,《国际劳动》2011 年第 7 期。

王朝霞:《欧盟国家劳动力市场灵活、安全性改革及对我国的启示》,

《广西大学学报（哲学社会科学版）》2010年第4期。

吴芹：《欧盟失业问题研究——高失业率持久化的市场障碍分析》，博士学位论文，复旦大学，2007年。

王莉：《欧洲国家劳动力市场的边缘灵活化改革与启示》，硕士学位论文，河北师范大学，2008年。

王茜：《新加坡劳动关系三方机制应对金融危机的启示》，《改革与战略》2009年第7期。

王潮、田哲：《试析欧盟劳动力市场体制对失业的影响及对策》，《法国研究》2005年第2期。

王超、罗然然：《我国教育与经济增长的实证研究》，《统计与信息论坛》2004年第7期。

王解静：《西方劳动力市场歧视理论与我国农民工就业歧视问题》，《兰州商学院学报》2006年第6期。

吴弦：《金融风暴与欧盟的应对行动协调——内在动因与主要举措述析》，《欧洲研究》2009年第1期。

谢前任：《构建我国终身教育体系研究》，硕士学位论文，湖南大学，2008年。

徐丙奎：《西方社会保障三大理论流派述评》，《理论参考》2007年第4期。

徐丽梅：《我国劳动力市场指标体系研究》，硕士学位论文，首都经济贸易大学，2002年。

许洁明：《三角互动：欧盟就业、社保与教育发展的新趋势》，《云南大学人文社会科学学报》2001年第6期。

许经勇：《论我国体制转型中的劳动力市场》，《经济经纬》2000年第5期。

于萍：《工会与社会主义和谐劳资关系的构建》，硕士学位论文，山东大学，2006年。

于艳芳：《河北省弱势群体灵活保障就业体系研究》，《当代经济管理》

2010 年第 12 期。

于艳芳：《丹麦劳动力市场的灵活保障就业模式》，《中国财政》2011 年第 4 期。

余建年：《社会经济变迁中的欧盟劳动就业政策》，《武汉大学学报(社会科学版)》2001 年第 5 期。

杨继瑞、袁春晓：《欧盟就业政策及其对我国再就业政策的启示》，《四川大学学报（哲学社会科学版)》2000 年第 1 期。

杨叙：《北欧就业政策的经验及借鉴》，《北京社会科学》1999 年第 3 期。

杨伟国：《从欧洲就业战略到新欧洲就业战略》，《新视野》2005 年第 2 期。

杨伟国、苏静：《欧洲就业战略：从就业抑制到就业激励》，《欧洲研究》2005 年第 6 期。

杨伟国、唐穗：《欧洲灵活保障模式：起源、实践与绩效》，《欧洲研究》2008 年第 3 期。

杨伟国：《丹麦的灵活保障制度："金三角"模式及其借鉴》，《国家行政学院学报》2008 年第 3 期。

杨伟国：《中国劳动力市场测量：基于指标与方法的双重评估》，《中国社会科学》2007 年第 5 期。

杨伟国、格哈德·伊林、陈坤：《"哈茨改革"及其绩效评估》，《欧洲研究》2007 年第 3 期。

杨雪：《欧盟提高劳动就业能力的新举措——终身学习策略研究》，《人口学刊》2004 年第 1 期。

杨雪：《欧盟共同就业政策研究》，中国社会科学出版社 2004 年版。

杨河清：《劳动经济学》，中国人民大学出版社 2006 年版。

杨先明：《劳动力市场运行研究》，商务印书馆 1999 年版。

伊兰伯格、史密斯：《现代劳动经济学》，人民大学出版社 2007 年版。

杨宜勇等：《就业理论与失业治理》，中国经济出版社 2000 年版。

杨宜勇：《专家建议实行更加积极的劳动力市场政策》，《中国经济时报》2007年08月30日。

杨宜勇:《走好积极劳动力市场政策的五大步》,《中国财经报》2010年08月17日。

杨燕绥、赵建国:《灵活用工与弹性就业机制》,中国劳动社会保障出版社2006年版。

杨波:《我国大城市劳动力市场分割理论与实践——以上海为例》,博士学位论文,华东师范大学,2008年。

杨双东:《金融危机下丹麦劳动力市场的灵活安全性模式分析》,硕士学位论文,河北师范大学,2011年。

袁东明:《西方失业回滞理论研究》,博士学位论文,北京大学,2003年。

袁志刚、李娜:《市场分割条件下积极劳动力市场政策有效性的研究》,《经济研究导刊》2013年第18期。

袁志刚:《失业经济学》,上海人民出版社1997年版。

姚先国、谢嗣胜:《西方劳动力市场歧视理论综述》,《中国海洋大学学报(社会科学版)》2004年第6期。

叶碧英:《当代英国青年失业问题及积极劳动力市场政策实践》,《山西师大学报(社科版)》2010年第3期。

叶碧英:《当代英国劳动力市场改革研究》,硕士学位论文,华中科技大学,2006年。

曾湘泉:《中国就业战略报告2007劳动力市场中介与就业促进》,中国人民大学出版社2008年版。

曾湘泉:《劳动力市场中介组织的发展与就业促进》,《中国人民大学学报》2009年第6期。

曾湘泉:《劳动经济学》,复旦大学出版社2003年版。

邹根宝:《社会保障制度——欧盟国家的经验与改革》,上海财经大学出版社2001年版。

张荐华:《欧洲一体化与欧盟的经济社会政策》,商务印书馆2001年版。

张根明:《我国劳动力市场发育的现状与展望》,《人口学刊》1995年第4期。

张敏:《欧盟劳动力市场政策创新与变革》,《国外社会科学》2009年第4期。

张敏:《欧洲一体化进程中劳动力市场模式的演变机制》,《欧洲研究》2006年第6期。

张润清:《计量经济学》,中国农业出版社2007年版。

张车伟:《欧盟劳动力市场改革对中国的启示》,《科学决策》2007年第9期。

张车伟:《当前劳动力市场的结构性矛盾及其经济学分析》,《经济学动态》2008年第3期。

张车伟:《中国30年经济增长与就业:构建灵活安全的劳动力市场》,《中国工业经济》2009年第1期。

张车伟:《失业率定义的国际比较及中国城镇失业率》,《世界经济》2003年第5期。

张然:《欧盟灵活保障就业政策研究》,博士学位论文,华东师范大学,2008年。

张荭:《西方两大主流学派政府干预观的形成及启示》,《山西财经大学学报》2010年第4期。

张原、沈琴琴:《平衡中国劳动力市场的灵活安全性——理论指标、实证研究及政策选择》,《经济评论》2012年第4期。

张碧弘:《欧盟就业峰会:十项举措促就业》,《经济参考报》2009年5月8日。

张晓明:《欧盟特别峰会推系列措施助青年就业》,《法制日报》2012年2月7日。

朱玲:《促进就业:德国劳动力市场改革》,《中国工业经济》2008年第3期。

朱新生:《职业教育发展与劳动力市场的契合度分析——基于江苏省

苏南地区的调查》,《教育发展研究》2010 年第 19 期。

周生，吴永生:《欧盟推行积极劳动力市场政策的主要做法与启示》,《中国就业》2004 年第 12 期。

赵领娣、付秀梅:《劳动经济学——理论、工具、制度、操作》，企业管理出版社 2004 年版。

赵超:《我国失业保险制度存在的问题与法律对策》,《民商法网刊》2009 年第 11 期。

赵祖平:《OECD 国家积极的劳动力市场政策体制中的三方机制》,《中国劳动关系学院学报》2005 年第 12 期。

赵瑞美:《西方的劳动力市场柔性及其对我国的政策启示》,《江淮论坛》2009 年第 4 期。

赵叶珠、李盛兵:《欧盟应对金融危机的教育政策与措施述评》,《比较教育研究》2009 年第 9 期。

赵频:《积极劳动力市场政策研究综述》,《商业研究》2012 年第 11 期。

郑功成:《社会保障学——理念、制度、实践与思辨》，商务印书馆 2004 年版。

郑功成:《社会保障学》，中国劳动社会保障出版社 2005 年版。

郑秉文:《从国际比较看中国失业保险制度改革取向》,《中国经贸导刊》2010 年第 6 期。

郑桥:《从丹麦模式看经济结构调整中的工会》,《中国劳动关系学院学报》2006 年第 4 期。

英文部分:

Yu Yanfang, Cheng Xinxuan, “The Revelation of EU Flexicurity Employment Mode to China-Take Denmark, Netherlands as Examples”, *Proceedings of the 2009 International Conference on Public Economics and Management*, December 2009.

Cheng Xinxuan，Yu Yanfang，“Analysis of the Operational Effects of Danish Flexicurity Model”，*Review of European Studies*，December 12.

TonWilthagen，FrankTros，HarmVanLieshout，“Towards ‘flexicurity’ balancingflexibility and security in EU member states”，European Journal of Social Security，2004 (06) .

Dr.Frank Tros，“Flexicurity in the Netherlands”，*Anoverview*，February 2008.

Heikki Raisanen-Günther Schmid，“Transitional Labour Markets and Flexicurity from the Finnish Labour Market ”，*Point of View*，2008.

Per Kongsh J. Madsen，“The Danish model of ‘flexicurity’：experiences and lessons”，European Review of Labour and Research，2004.

Søren Gaard and Mads Kieler，“Two decades of structural reform in Denmark：a review comparing Flexicurity in Denmark and Japan”，http://econstor.eu/bitstream/10419/21564/1/p_wsi_diskp_122.pdf，2007.

Vasilica CIUCĂ，“the Romanian Flexicurity—Aresponse to the European Labour Market Needs”，*Romanian Journal of Economic Forecasting*，2009.

Janine Leschke，Günther Schmid，Dorit Griga，“On the Marriage of Flexibility and Security”，*Lessons from the Hartz-reforms in Germany*，2006.

Vasilica CIUCĂ，Daniela PA_NICU，Liana SON，Ciprian _IPO_，Marioara IORDAN，“the Romanian Flexicurity-a Response to the European Labour Market Needs”，*Romanian Journal of Economic Forecasting*，2009.

Patrick Emmenegger，“The Long Road to Flexicurity：The Development of Job Security Regulations in Denmark and Sweden”，the Nordic Political Science Association，2010.

Ton Wilthagen，“Flexicurity：A New Paradigm for Labour Market Policy Reform?”，http://www.econstor.eu/handle/10419/43913，1998.

Vissereta，“The Netherlands：from a typicality to typicality，in employment policy and the regulation of part-time work in the European Union:

a companalysis", *Cambridge University Press*, 2004.

Andersen S. K. and M. Mailand, "The Danish Flexicurity Model: The Role of the Collective Bargaining system", *Danish Ministry of Employment*, September 2005.

Heikki Schmid, "Transitional Labour Markets and Flexicurity from the Finnish Labour Market Point of View", http://hdl.handle.net/10419/43979, 2008.

Ton Wilthagen, "Mapping out flexicurity pathways in the European Union", Social Responsibility in labour relations: European and comparative perspectives, 2008.

Alfons Garcia, "New settings for the European labour markets:the flexicurity model", paradigmes, 2009.

Thomas Bredgaard, Flemming Larsen and Per Kongsh.j Madsen, "Opportunities and challenges for flexicurity-The Danish example", European Review of Labour and Research, 2006.

Ute Klammer, "On the path towards a concept of "flexicurity" in Europe", 2009.

Sergio Destefanis, Giuseppe Mastromatteo, "Labour-market performance in the OECD: some recent cross-country evidence", International Journal of Manpower, 2010.

Inmaculada Silla, Francisco J. Gracia, Miguel Angel Manas, "Job insecurity and employees' attitudes: the moderating role of fairness", International Journal of Manpower, 2010.

Hartmut Seifert and Andranik Tangian, "Globalization and deregulation: Does flexicurity protect atypically employed?", http://hdl.handle.net/10419/21588, 2006.

John Andersen, "Flexicurity, workfare or inclusion? The Politics of Welfare and Activation in the UK and Denmark", Centre for Labour Market

Research, Aaalborg University, Aalborg, Denmark. ISBN 8789639286, 2005.

Hartmut Seifert and Andranik Tangian, "Flexicurity: Reconciling Social Security with Flexibility", *Empirical Findings for Europe*, 2007.

Elke Viebrock and Jochen Clasen, "Flexicurity and welfare reform: a review", Socio-Economic Review, 2009.

Federica Origo, Laura Pagani, "Flexicurity and job satisfaction in Europe: The importance of perceived and actual job stability for well-being at work", Labour Economics, 2009.

Wim van Oorschot, "Flexible work and flexicurity policies in the Netherlands", *Trends and experiences*, 2011.

Sonja Bekker, Ton Wilthagen, "Europe's pathways to flexicurity: lessons presented from and to the Netherlands", Intereconomics, Review of European Economic Policy, 2008.

Flemming Larsen, "Active Labour Market Policy in Denmark as an example of Transitional Labour Market and flexicurity arrangements-What can be learnt?", Employment policy from different angles, 2005.

Wim van Oorschot, "Balancing work and welfare: activation and flexicurity policies in The Netherlands, 1980-2000", International Journal of Social Welfare, 2004.

Andranik S. Tangian, "Defining the flexicurity index in application to European countries", 2004.

Robert Boyer, "Employment and Decent Work in the Era of 'Flexicurity'", http://www.un.org/esa/desa/papers/2006/wp32_2006.pdf, 2006.

Enrico Marelli, Marcello Signorelli, "Employment, productivity and models of growth in the EU", International Journal of Manpower, 2010.

Andranik Tangian, "European flexicurity: concepts, methodology and policies", European Review of Labour and Research, 2007.

TitoBoeri, J. Ignacio Conde-Ruiz, "The Political Economy of Flexicurity", Journal of the European Economic Association, 2010.

Jean-Claude Barbier, "Social Europe and the Limits of Soft Law:the Example of Flexicurity", *The European Social Model and Transitional Labour Markets*, 2010.

Axel van den Berg and Erik de Gier, "Research in Transitional Labour Markets:Implications for the European Employment Strategy", *The European Social Model and Transitional Labour Markets*.

Per Kongsh.j Madsen, "The Danish Rode to 'flexicurity': Where are we Compared to Others? And How Did We Get There?", Flexibility and employment security in Europe: labour markets in transition, 2010.

Daniela Pasnicu, "Flexicurity-the solution for the labour markets policy reform from the european union member states", http://hdl.handle.net/10138/15237, 2008.

Thomas Bredgaard, Flemming Larsen, Per Kongshøj Madsen, "The flexible Danish labour market-a review", *CARMA Research papers*, 2005.

Per Kongshφj Madsen, "The Danish Model of 'Flexicurity' —A Paradise with some Snakes", *Conference on the Future of Work and Social Protection*, May 16, 2002.

T.Wilthagen and F. Tros, "The Concept of 'flexicurity': A New Approach to Regulating Employment and Labour Markets", *Transfer*, Vol.10, No.2, 2004.

Bengt-Ake Lundvall, "The Danish Model and the Globalizing Learning Economy", Development Success: Historical Accounts from More Advanced Countries, March 2009.

Alka Obadić, "The Danish flexicurity labour market policy concept", http://web.efzg.hr/RePEc/pdf/Clanak%2009-04.pdf, 2009.

Anna Ilsøe, "The Danish Flexicurity Model-a Lesson for the US?", http://transatlantic.sais-jhu.edu/transatlantic-topics/Articles/economy/Ilsoe_The_Danish_Flexicurity_Model.pdf, June 2007.

Dany LANG, "Can the Danish model of 'flexicurity' be a matrix for the reform of European labour markets?", http://cahiersdugres.u-bordeaux4.fr/2006/2006-18.pdf, September 2006.

Jochen Kluve, "Active Labour Market Policies in Europe: Performance and Perspectives", *Springer*, 2007.

D.Foden, "Five Years, Experience of the Luxembourg Employment Strategy", *Brussels*, 2003.

TonWilthagen, "FlexicurityPractices", Brussels, 24 May 2007.

Polus, Eero, "Flexibility, security and social cohesion from the viewpoint of employment policy", *Kommenttipuheenvuoro seminaarissa*, 2005.

Lans Bovenberg, Ton Wilthagen, Sonja Bekker, "Flexicurity: Lessons and Proposals from the Netherlands", CESifo DICE Report, 2008.

M. Nardo, F. Rossetti. Flexicurity in Europe, Social Europe, 2013.

European Commission, "Towards Common Principles of Flexicurity:more and better jobs through flexibility and security", http://ec.europa.eu/social/main.jsp?catId=102&langId=en, 2007.

Lans Bovenberg, "On the Road to Flexicurity: Dutch proposals for a pathway towardsbetter transition security and higher labour market mobility", http://papers.ssrn.com/sol3/papers.cfm?abstract_id=1306961, 2008.

Ton Wilthagen, "Balancing flexibility and security in european labour markets", http://oudesite.uvt.nl/research/institutes-and-research-groups/reflect/publications/papers/fxp2004-10-wilthagenser.pdf, 2004.

ZhouJianping, "DanishforAll? Balancing Flexibility with Security: The Flexicurity Model", *IMFworking paper*, 2007.

Andersen, Torben M. "A Flexicurity Labour Market in the Great Recession-the Case of Denmark", *De Economist*, 2012.

Jespersen, Svend T, Jakob R. Munch and Lars Skipper, "Costs and Benefits of Danish Active LabourMarket Programmes." *Labour Economics*, 2008.

Tine Andersen, Martin Eggert Hansen, and Josina Moltesen, "The role of the Public Employment Services related to 'Flexicurity' in the European Labour Markets", March 2009.

Marije Bosman, "Flexicurity= flexibility plus security", 2007.

Thomas Bredgaard& Flemming Larsen, "Comparing Flexicurity in Denmark and Japan", http://www.dps.aau.dk/fileadmin/user_upload/conniek/Dansk/Research_papers/5-Comparing_Flexicurity_01.pdf, 2007.

Ton Wilthagen, "The Flexibility-Security Nexus: New approaches to regulating emplymentand labour markets", http://oudesite.uvt.nl/research/institutes-and-research-groups/reflect/publications/papers/fxp2003_2.pdf, 2002.

Susanne D.Burri, "The Netherlands: Precarious Employment in a Context of Flexicurity", 2008.

Gundogan, Naci, "Can Denmark's Flexicurity System Be Replicated In Developing Countries?", *The Case Of Turkey*, 2009.

Sch mann, "Active labour market policy in the European Union", http://hdl.handle.net/10419/43928, 1995.

J.Kluve and C. M. Schmidt, "Can Training an Employment Subsidies Combat European Unemployment Economic Policy", No.35, 2002.

T.Wilthagen and M. Velzen, "The Road towards Adaptability, Flexibility and Security", *Paper prepared for the European Commission/DG Employment Thematic Review Seminar on "Increasing Adaptability for Workers and Enterprises"*, http://productivity.net.gr/wp-content/uploads/2013/12/The-roadtowards-adaptability-flexibility-and-security.pdf，2004.

Torben M. Andersen，“Flexicurity-the Danish labour market model”，http://mit.econ.au.dk/vip_htm/msn/flexicurity_eng.pdf，2006.

Tangian，Andranik，“Not for bad weather：flexicurity challenged by the crisis”，*ETUI Policy Brief*，*Issue 3*，*Brussels*，2010.

Madsen，Per Kongshøj，“Labour market policies facing the crisis: What to do-and what not to do?”，*Paper for the RESQ International research conference*：*The global financial crisis and new governance of labour market policies*，Copenhagen，June 2010.

Henning Jørgensen，“Danish ‘flexicurity’ in crisis-or just stress-tested by the crisis?” *Report to the Friedrich Ebert Foundation*，October 2010.

Ruud Muffels，Ton Wilthagen，“Flexicurity：A New Paradigm for the Analysis of Labor Markets and Policies Challenging the Trade-Off Between Flexibility and Security”，*Sociology Compass*，2013.

Jochen Kluve，“The effectiveness of European active labor market programs”，*Labour Economics*，2010.

European Commission，“Recovery from the crisis：27 ways of tackling the employment crisis”，*Luxembourg*：*Publications Office of the European Union*，2009.

Inga Pavlovaite，Pat Irving，Tina Weber，“Evaluation of flexicurity (2007-2010)：final report”，*http://ec.europa.eu/social/main.jsp?catId=102&langId=en*，30 October 2012.

Frank Tros，“Flexicurity in Europe：can it survive a double crisis?” ILERA World Congress，hyladelphia，USA，July 2012.

European Commission，“Europe 2020-A Strategy for Smart，Sustainable and Inclusive Growth”，*Brussels*，3 March 2010.

Sonja Bekker，Ton Wilthagen，“Europe's Pathways to Flexicurity：Lessons Presented from and to the Netherlands”，Intereconomics，2008.

后 记

就业问题是关系国计民生的大事，世界各国都非常重视。欧盟成员国的灵活保障模式在促进就业方面发挥了重要作用，创造了“就业奇迹”。作为河北大学社会保障专业的老师和河北大学欧洲研究所的成员，我积极关注欧盟劳动力市场灵活保障模式。

2009 年 9 月，在河北大学博士生导师成新轩教授的指导下，确定了研究思路和研究框架。随后，开始文献资料的搜集工作。当时，欧盟劳动力市场灵活保障模式的中文文献资料较少，需要查找更多的英文文献资料。由于学校数据库不太全面，所查资料不能满足研究需要。困难之时，成新轩教授积极帮助，提供线索。最终得到了中国社会科学院的秦爱华、张磊，以及在爱尔兰读书的刘荣多，天津财经大学的李海英老师，华北电力大学的杨少梅老师的帮助，搜集了丰富的文献资料，为研究打下了坚实的基础。

2010 年 10 月，在撰写欧盟劳动力市场灵活保障模式效应的实证分析时，遇到了更大的困难。模型的设计、指标的选取、数据的分析等等问题随之而来，但庆幸的是，我得到了河北大学经济学院王孟欣教授、河北农业大学张润清教授的悉心指导，以及河北大学统计学专业和社会保障专业部分研究生的帮助，实证研究部分合理、有效，能充分说明欧盟劳动力市场灵活保障模式对促进就业和提升劳动力参与率的有效性。

2014 年 8 月，在美国宾州印第安纳大学访学期间，有幸认识了人文与社会科学学院的 Yaw A.Asamoah 院长和经济学系的 Yaya Sissoko 博士。

他们对研究中国经济很感兴趣，谈及的金融危机及其对就业的影响，对书稿完善有一定启发。

本书的最终完成还得到了河北大学管理学院孙健夫教授、宋凤轩教授和河北农业大学经济贸易学院赵邦宏教授的关心。他们鼓励我做好欧盟劳动力市场灵活保障模式对中国劳动力市场借鉴的研究，努力为构建中国灵活保障劳动力市场提供思路。

《欧盟劳动力市场灵活保障模式研究》一书即将出版，我感慨万千。在此，谨对关注和支持本书出版的所有老师、同事、同学及亲人们，表示真诚的感谢。

本书虽然耗费了很多的时间和很大的精力，但由于自身能力有限，仍会存在一些问题或不足，恳请各位专家、学者批评指正。

于艳芳

2014 年 10 月于美国印第安纳大学